# HEALING & SELF-HEALING

## Curación y Auto-Curación

*Título original:*   HEALING & SELF-HEALING (Curación y Auto-Curación) - BIOPSICOENERGÉTICA Tomo III

*Autor:*   Livio J. Vinardi, PhD

*Revisión:*   Friederike Alexandra Furrer

*Ilustraciones*:   Mónica Solervicens
Friederike Alexandra Furrer

*Diseño de tapa:*   Roberto Spedicato

*Editing*:   Friederike Alexandra Furrer
Roberto Spedicato

*Impresión:*   Borè S.r.l.

*Edición:*   Septiembre 2014

*Colección:*   Saggi - Sabios

ISBN:   978-88-91159-28-1



Youcanprint Self-Publishing
Via Roma, 73 – 73039 Tricase (LE) – Italy
www.youcanprint.it
info@youcanprint.it
Facebook: face book.com/youcanprint.it
Twitter: twitter.com/youcanprint.it

**web:**   **http://xoomer.alice.it/livio.vinardi**
**e-mail**:   **vinardi@uol.com.br**

# Livio J. Vinardi

# HEALING & SELF-HEALING

## Curación y Auto-Curación

**BIOPSICOENERGÉTICA – Tomo III**

# RELACIÓN DE LAS FIGURAS

_______________________

TOTAL = 71 figuras

# AGRADECIMIENTOS

A Friederike Alexandra Furrer,
por todas las tareas que determinaron
la realización efectiva de esta obra.

A Mónica Solervicens,
por las láminas ilustrativas,
minúsculas muestras de su gran arte.

# DEDICATORIA

A los grandes Maestros:

Gummu
y
Pnasyarï  Ö-Ö-Mel

(Jerarquías de Primer Rayo - Oriente Medio)

# PREFACIO

El presente trabajo constituye el tercer volumen del plan general que hace a la Biopsicoenergética. Los volúmenes precedentes (tomos I y II) han sido publicados, reimpresos y continúan su presentación en otros idiomas, significando tanto el interés como la vigencia del material contenido en los mismos.

El autor desea destacar que la entera obra sirve principalmente como una aproximación y, sobre todo, para dar una apreciación intelectual de la enseñanza, que debe forzosamente ser completada en los cursos y seminarios llevados a cabo siempre en forma directa, ya que allí se tiene –por así decir– "la letra viva" de la disciplina.

No obstante, es innegable el gran valor de difusión que representa esta edición, esperando que sea del máximo provecho posible al lector.

*El autor*

*Miami, 1995.*

# INTRODUCCIÓN

***HEALING*** es un vocablo que admite una amplia gama de definiciones y que forzosamente ha ido modificándose con el tiempo. En un sentido general, podría ser, quizás, la sanación, siendo quien lo practica o cultiva el sanador, armonizador o *healer*.

En español, el autor sugiere que dicho vocablo sea pronunciado "jíling" o "self-jíling", según corresponda; el operador, sugiere se pronuncie "jíler".

Pero dicho sustantivo inglés no ha significado lo mismo en otras lenguas y culturas, donde fácilmente, en una manera popular, se lo califica hasta de curanderismo y aún se ha llegado a relacionarlo con ciertas ramas del ocultismo y de disciplinas de los campos paranormales y parapsicológicos.

En una época tal como la presente –o sea, ya dentro del Tercer Milenio–, las crisis metodológicas y el revisionismo están a la orden del día y por ello muchos excesos de hoy podrían ser los neologismos del mañana.

Efectivamente el *Healing*, tal como es practicado en manera general, carece de bases objetivas, y de allí que pase a ser un arte profundamente subjetivo, que va desde el *shaman* hasta el pranoterapeuta, pasando por toda una gama difícilmente elencable de matices.

Sin querer menospreciar o disminuir en modo alguno las capacidades y aptitudes de personas verdaderamente dotadas, el trabajo que nos ocupa es algo diferente, por cuanto cumple con una serie de pautas que son imprescindibles cuando se quiere imprimir un sello objetivo y científico a la materia.

En el caso de todo cuanto constituya la gran materia de la Medicina, ésta toma una dimensión propia y valedera del modo siguiente: **Constituye una ciencia cuando se la aprende y un arte cuando se la practica**. El autor estima que nadie medianamente formado puede poner en duda esta aseveración, puesto que de lo contrario se trataría de mera tecnología despersonalizada.

Estamos entrando en una materia con criterio holístico, vale decir integral, aunque ya esta palabra signifique algo distinto a como fue empleada en un primer momento. Tenemos así, entonces, la necesidad de formular, exponer y promover una cierta modalidad o clase, o si se nos permite, de nivel categorial de *healing*, que es el de *healing* conforme a la **Biopsico-energética** (BPE). El *self-healing* se referirá al practicado en sí mismo, o sea la autoarmonización, quedando el primero para todo cuanto sea ejercitado o actuado por vía del *healer* o armonizador sobre otras personas.

A diferencia de conocimientos "ocultos" o iniciáticos (que casi siempre son ficticios), el *healing* y el *self-healing* de acuerdo a la BPE pueden ser aprendidos y practicados por cualquier persona, sin distinción de sexo, raza o edad, mientras disponga de condiciones de salud medianamente normales. Sin duda que la práctica prolongada será muy útil, la cual conducirá a una responsable experiencia y también –¿por qué no?– a una agudización o desarrollo de la propia intuición.

También es indudable que las capacidades personales juegan mucho, junto con la experiencia. Como bien decía Liszt, elogiando a Sgambati, uno de sus discípulos: "Algunos comienzan allá donde otros terminan"; esto mismo debe servir para animar y estimular a todo estudioso seriamente interesado. Un parangón aplicable sería éste, para indicar estas posibilidades: toda persona que posea sus dedos y manos normales, puede practicar y aprender a tocar, por ejemplo, el piano; eso sí, será quizás difícil que llegue a ejecutar como Brailowsky.

Pero el *healing* y el *self-healing* conforme a la BPE no se hallan limitados a las prácticas manuales, si bien este particular es de total importancia. La Biomagnética, la Óleo y Osmoenergética, junto a la Cromo y Sonoenergética y la utilización de simples y hasta sofisticados recursos aparatológicos, aplicados con adecuado criterio y conciencia, permiten ampliar la gama y alcances de este sutil bagaje de recursos energéticos para la solución y prevención aun de patologías que se hallan presentes a dicho nivel sutil, o sea inconsciente, y que aún no han progresado a los otros posibles niveles de manifestación psicológica, funcional u orgánica.

# Cap. I

# *HEALING* A TRAVÉS DE LAS MANOS

Dentro de la vasta gama de posibilidades que ofrece el *healing*, armonización, balance energético o como prefiera llamárselo, seguramente el más antiguo sea el practicado con las manos y éste será el primero en describirse.

Antes de entrar en materia, se insiste en que el *healing* puede ser practicado indistintamente por cualquier persona de ambos sexos, sin ningún tipo de discriminación, a condición de que el operador no se halle afectado por problemas significativos de salud. En caso de sí, estarlo, convendrá que sea atendido por otra persona –hombre o mujer indistintamente– que se halle en condiciones normales. Otra condición general es que el *healer* efectúe su tarea con el estómago vacío o bien muy liviano, ya que el caudal bioplásmico se disminuye en bastante medida mientras dura todo el proceso de digestión.

Y por haber tocado el tema de la energética humana, el autor remite en todo lo que fuere menester sobre tal materia a los volúmenes I y II de Biopsicoenergética –o simplemente BPE– cuando el lector lo necesite, dándose allí detalles y pormenorizaciones que no es necesario que sean reiterados aquí (**figuras I-1, I-2, I-3** y **I-4**).

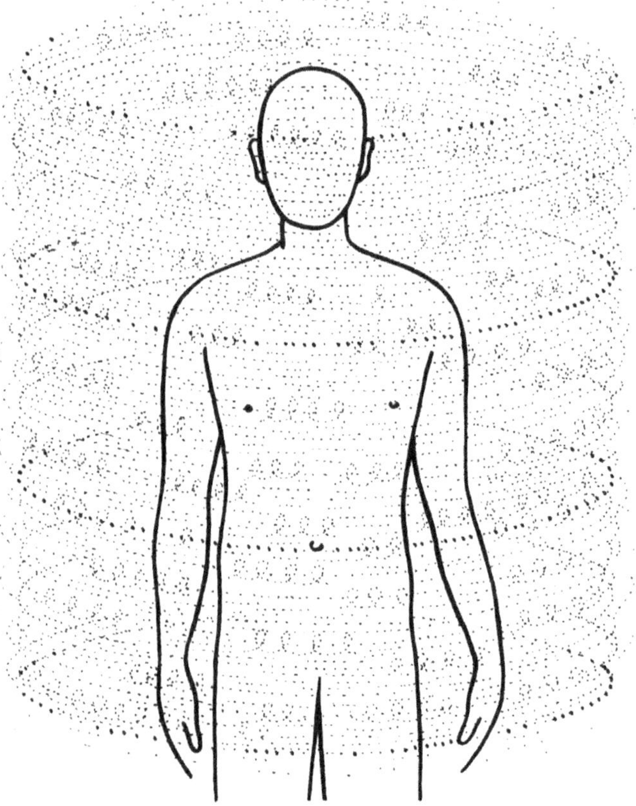

**Fig. I-1:** *Áreas básicas*

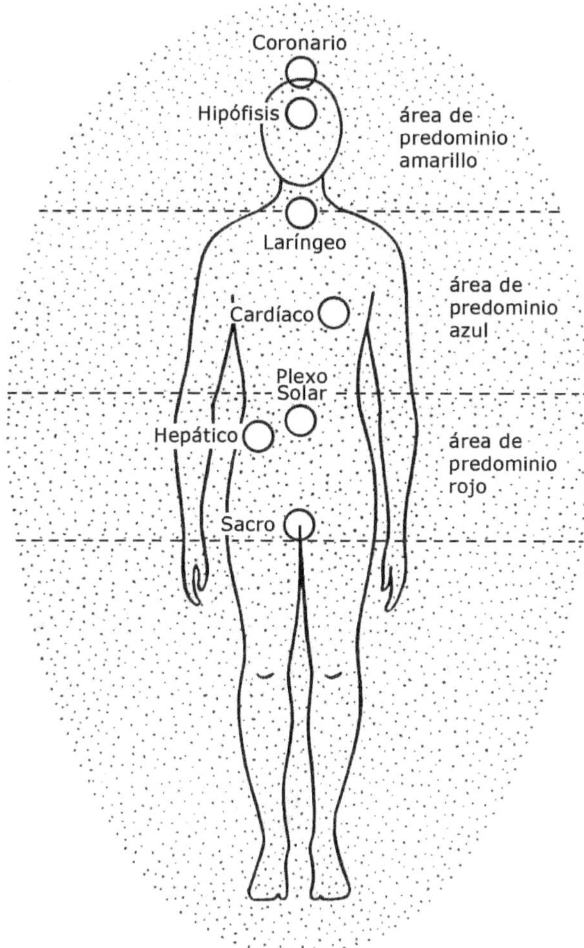


**Fig. I-2:** *Campo energético humano y vórtices magnos*

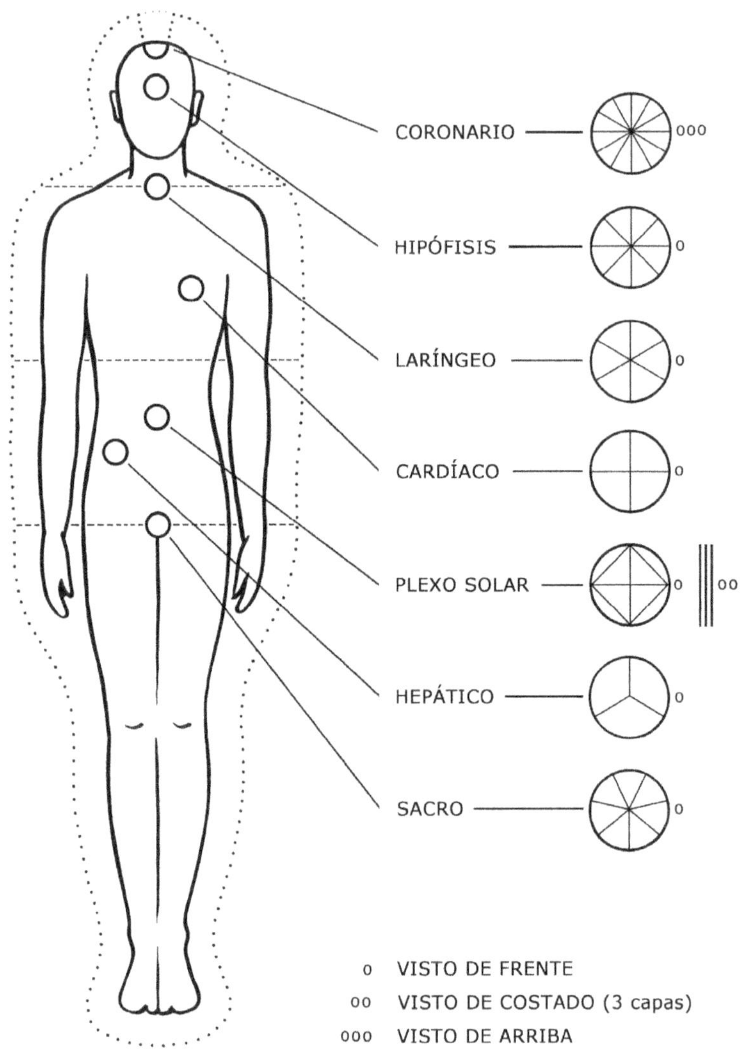


**Fig. I-3:** *Los siete vórtices magnos*

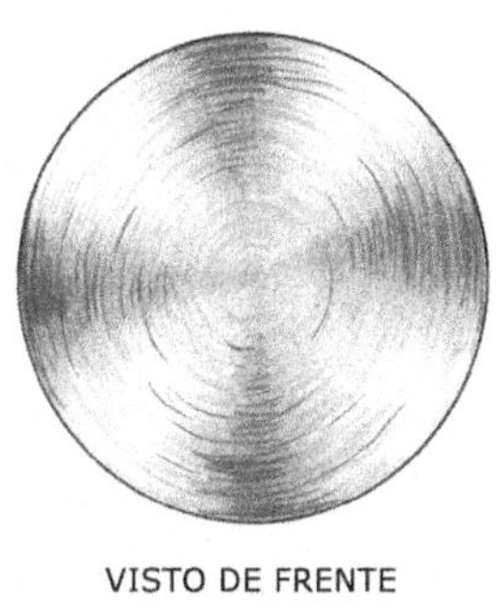


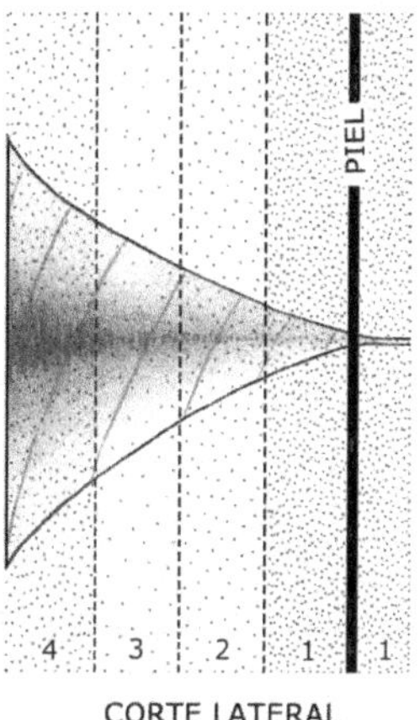


**Fig. I-4:** *Ejemplo de un vórtice*

La base de todo el *healing* conforme a la BPE realizado con las manos tiene una raíz profundamente energética y expresada a través de los cinco dedos de cada una de ellas y sus posibles combinaciones, como sigue.

Nuestro planeta presenta dos polos extremos, conocidos como Norte y Sud, y una zona teórica central equilibrante, que es el Ecuador. Éste es un ternario fundamental bien conocido por todos y puede equivalerse a un polo positivo, identificado como el Sud, otro negativo, que es el Norte, y el Ecuador, como fuerza neutra. A este ternario se le deben adicionar dos zonas llamadas templadas o temperadas, vale decir, ni frías ni calientes, lo que da un total de cinco energías básicas, que constituyen un Quinario y que en un sentido amplio se corresponden con los cinco elementos de la filosofía energética oriental o también con los cuatro Elementos y la Quintaesencia de la filosofía alquímica medieval. Estas cinco fuerzas pueden emplearse separadamente, como así creándose combinaciones, uniéndose dos o más dedos en gestos conocidos con el nombre de **mudras**[1], a falta de lenguaje occidental. A través de tales *mudras* se tienen todas las combinaciones necesarias para actuar el *healing* en todos los sistemas, áreas y focos de energía.

## POLARIDADES DE LAS MANOS

Si bien es cierto que absolutamente todo ser humano posee una raíz y herencia bisexual, en su manifestación se tiene una definición o bien masculina, o bien femenina. Tales características sexuales son parte de la esencia misma, vale decir que el individuo nace con su particular atributo, que no se modifica bajo ningún concepto, ni aun en razón de enfermedades sexuales, insuficiencia, impotencia, mutilaciones o inclusive desviaciones. Esto conviene sea dicho y reafirmado: a nivel bioplásmico los caracteres y polaridad sexual se mantienen aun a pesar de extirpaciones o cirugías de cualquier tipo.

Cada dedo de cada mano posee la misma correspondencia y significación en cualquier sexo, pero las polaridades son diferentes en ambas manos, como sigue:

- En el sexo masculino la mano derecha tiene tendencia dextrógira (sentido horario), en tanto que la mano izquierda tiene tendencia levógira (sentido antihorario) (**figura I-5**).

- En el sexo femenino es el contrario: la mano derecha tiene tendencia levógira y la mano izquierda tiene tendencia dextrógira (**figura I-5**).

Estas reglas **no** tienen excepciones y se mantienen aun en el caso de personas zurdas o ambidextras. Por ello se da esta importante aclaración, para que sea tenida en cuenta por todo

---

[1] El autor prefiere considerar la palabra sánscrita *mudra* como femenina [n.d.r.].

aquel que intente ocuparse de este tema seriamente. Esto será repetido más veces durante este libro, para mayor seguridad.

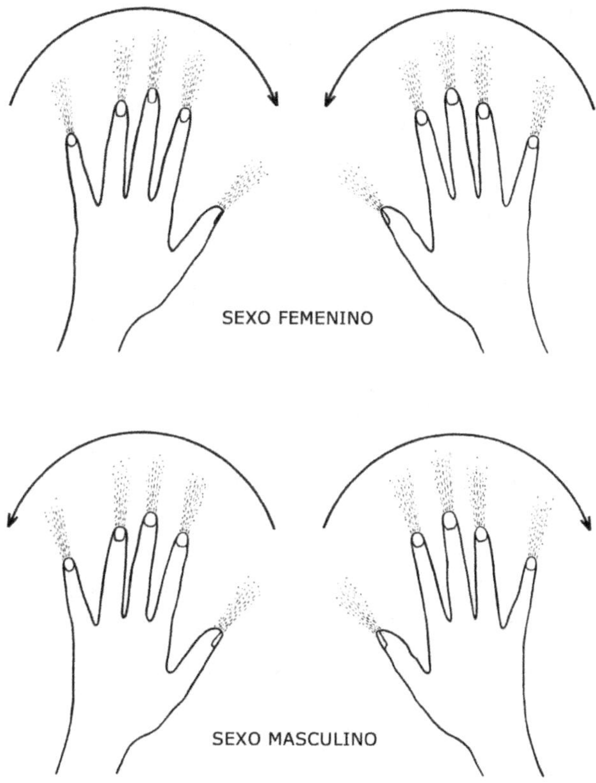



**Fig. I-5:** *Polaridades de las manos*

Aun sin contacto con la piel, ya a una cierta distancia, donde hay interacción bioplásmica, en el caso de *healing* el operador (o auto-operador, si se trata de *self-healing*) ejerce una actuación que no es meramente psicológica, sino concreta, real, efectiva.

Existe aún una cantidad de profesionales de la salud no debidamente informados que suelen errar o desvirtuar ciertas realidades. Por ejemplo, a veces algunos médicos comentan que ciertos pacientes declaran que se sienten mucho mejor mientras el profesional realiza –según su criterio– simples maniobras exploratorias, queriendo con esto darle un significado y valor de mera autosugestión por parte del paciente.

En la Biopsicoenergética existen claramente cuatro instancias:

- energética,
- psicológica,
- funcional y
- orgánica,

en donde la primera de todas ellas es la más sutil y no siempre percibida por todas las personas, sino sólo por las más sensibles, y que se corresponde plenamente con el concepto de idea-fuerza de Fouillié, quien además agrega que no existen ideas sueltas o aisladas, sino asociadas en alguna manera a algún elemento apetitivo (sentir-pensar).

De todo lo anterior resulta que la aproximación o aplicación por contacto de las manos, según sea conveniente o se indique, ya de por sí constituye de alguna manera un agente o vehículo de valor armonizante, terapéutico o como se lo desee llamar.

En los volúmenes I y II de Biopsicoenergética se han clasificado los diferentes tipos y categorías de vórtices y también se ha hecho una descripción mediana de los mismos, constituyendo ello una anatomía energética expuesta básicamente.

Ahora bien: el movimiento natural y universal de toda la energía sigue la ley vorticial, ya sea a nivel subatómico (caso de las partículas observadas con microscopía electrónica) y hasta el nivel estelar (movimiento de la Vía Láctea).

A escala de *healing* o *self-healing*, la aproximación de una mano, o bien el contacto a nivel de piel, no debe entenderse como un mero traspaso de fuerzas en forma rectilínea, sino clara y objetivamente como un movimiento vorticial tridimensional que hace a la interacción de campos entre el *healer* y el sujeto receptor, en el caso de *healing*, o bien en el mismo sujeto, en el caso de *self-healing*. En el ejemplo de la **figura I-6** tenemos la mano derecha del sexo masculino; el sentido de las radiaciones es horario o dextrógiro, o sea, de carga.

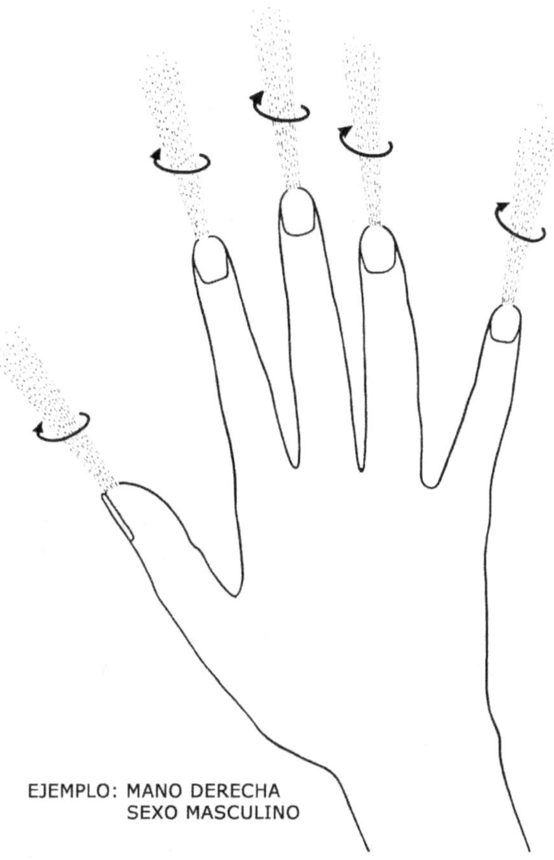


**Fig. I-6:** *Sentido de las radiaciones*

Para aclarar más el tema, se ayudará con el ejemplo siguiente, accesible a cualquiera: supóngase que una persona apoya su mano cerca o en contacto con la piel de otro; de hecho existe una transferencia de energías entre ambas personas y esta transferencia, en todos los casos, será actuada en manera espiral helicoidal, o sea, en manera vorticial, si se quiere emplear un lenguaje biopsicoenergético. Pero, además, importa reconocer el sentido de la transferencia, o sea, si la transferencia es en modo aferente o eferente; en términos más profanos, si el operador absorbe energía del paciente, o bien, si, por el contrario, le entrega energía al paciente.

Si el operador es masculino, la actuación con su mano izquierda, por su predominio levógiro, favorecerá la absorción o atracción de cargas o energías del paciente, mientras que si el operador aplica su mano derecha, favorecerá la imposición, impetración o aporte de energías al paciente (**figura I-6**). Lo anterior ha significado un movimiento vorticial automáticamente levógiro o antihorario, que ha favorecido la extracción o absorción de energías (opacidades, cargas, bloqueos, etc.) desde el paciente hacia el operador; en tanto que el segundo ha significado un movimiento dextrógiro u horario de aplicación por parte del operador hacia el sujeto receptor.

En el caso del sexo femenino, por ser las polaridades inversas por naturaleza, la mano levógira es la derecha y la dextrógira es la izquierda.

Si se quiere emplear una terminología más simple, puede decirse que una mano es mucho más propicia para la carga y la otra, en cambio, lo es en la misma manera para la descarga.

Recapitulando: La mujer realiza la descarga o liberación de opacidades, bloqueos, etc., a través de oportunas maniobras con su mano derecha, mientras que la eventual carga la realizará con el mismo criterio con su mano izquierda. Si el operador es un hombre, se aplican las manos opuestas para cumplir con las mismas leyes y objetivos: mano izquierda para descarga y mano derecha para carga.

En la **figura I-7** pueden apreciarse algunos ejemplos de bloqueos energéticos.

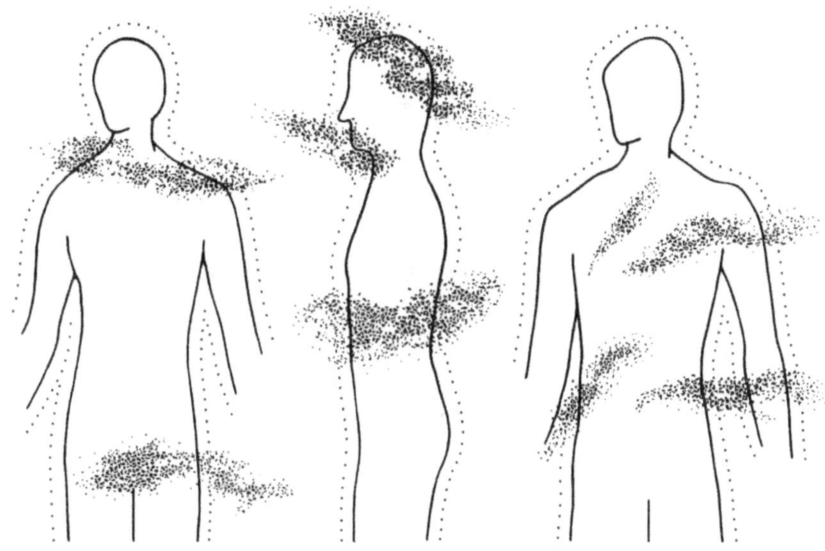

**Fig. I-7:** *Bloqueos energéticos*

En la casi totalidad de los procesos de *healing* se impone, como primer paso, la catarsis o descarga, máxime en las culturas y estilos de vida europeos y occidentales, donde la casi totalidad de las veces los problemas se resuelven en gran parte por la liberación de cargas y opacidades en exceso, que presenta el paciente.

## ENERGÍAS DE LOS DIFERENTES DEDOS

Conviene no olvidar que el *healing* practicado y preconizado por la BPE puede actuarse tanto a cierta distancia del cuerpo del paciente como también rozando la piel, o aun presionando con variada intensidad; los efectos buscados llevarán a la modalidad más oportuna en cada caso.

Así, entonces, no se trata en ningún caso de meros masajes o fricciones, ni tampoco deberá suponerse que posee un ingrediente místico o neuro-emocional. Trátase de procedimientos técnicos, precisos, que siempre pueden perfeccionarse más y más con la voluntad, la práctica consciente y la atención. Cada dedo tiene un área de mayor afinidad e influencia y por ende el dedo oportuno actuará con más eficacia que los otros, según se detalla a continuación:

- **Pulgar**: área genital y todo el eje vertebral y medular, hasta lo alto de la cabeza.

- **Índice**: sistema digestivo en general, incluyendo masa intestinal, estómago, boca y dentadura; también las piernas (excepto los pies).

- **Medio**: bazo y páncreas, en el caso del dedo medio de la mano izquierda, e hígado y vesícula, en el caso del dedo medio de la mano derecha.

- **Anular**: sistema cardiorrespiratorio en general, incluyendo los aspectos arterial y venoso, oídos y nariz; también incluye brazos y antebrazos.

- **Meñique**: áreas de predominio del sistema nervioso, incluyendo la cabeza y los ojos; también incluye las manos y los pies.

## RADIACIONES ENERGÉTICAS O BIOPLÁSMICAS. COLORES.

El autor ya ha hallado y objetivado esto a lo largo de sus investigaciones en la San Francisco State University de California. En cuanto corresponde, se detallarán las energías que posee cada uno de los dedos y sus combinaciones, así como las áreas más significativas del campo energético.

Antes de detallar, se recuerda que dichas energías no son visibles normalmente, por corresponder a regiones ultravioletas (dos octavas por encima del espectro cromático). Al final del tomo II de BPE se tiene cierta referencia al respecto.

Se tomará como punto de referencia al soma u organismo, como sigue, no debiéndose olvidar que el campo bioplásmico es de naturaleza electromagnética o radiante, o sea, del cuarto estado de la materia o energía y que, por lo tanto, interpenetra, atraviesa y sobrepasa o excede hasta cierta distancia el organismo, en todos los sentidos, ya sea por delante como por detrás, por encima de la cabeza y por debajo de los pies; en otras palabras, si por ejemplo una persona se halla de pie, su campo bioplásmico sobrepasará su estatura y también se extenderá por debajo de los pies y así en el resto del cuerpo.

Este campo bioplásmico es también llamado frecuentemente Modelo Organizador Biológico (MOB) y es de consistencia morfoforética.

Áreas básicas (**figuras I-1** y **I-2**):

a) **Área de predominio amarillo**: La que va desde la base del cuello hasta por encima de la cabeza; ambas manos y pies. En lo orgánico se corresponde mayormente con el sistema nervioso (SN).

b) **Área de predominio azul**: Es la que abarca la parte superior del tronco, tanto anterior como posterior; brazos y antebrazos. En el sexo masculino la tonalidad es azul francia y en el femenino es azul oscuro. Se corresponde en lo orgánico mayormente con el sistema cardiorrespiratorio (SCR).

c) **Área de predominio rojo**: Se relaciona con la parte inferior del tronco, muslos y piernas. En el sexo masculino la tonalidad es rojo oscuro, en tanto que para el sexo femenino es rojo claro. En lo orgánico se corresponde principalmente con el sistema digestivo (SD).

Las energías y colores de cada dedo son, como sigue (**figura I-8**):

- **Pulgar**: tonalidad violeta.
- **Índice**: rojo oscuro o claro, conforme al sexo.
- **Medio**: naranja.
- **Anular**: azul, claro u oscuro, según el sexo.
- **Meñique**: amarillo.

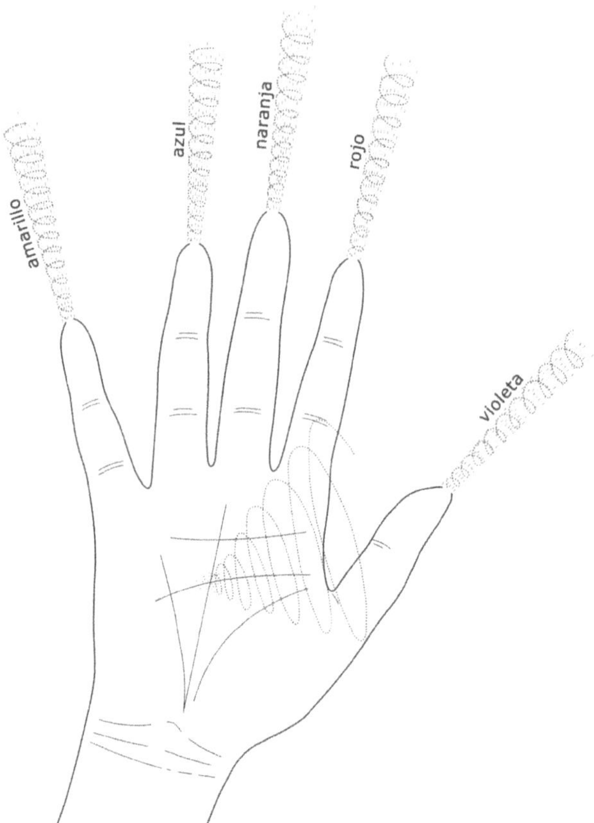


**Fig. I-8:** *Radiaciones de los dedos*

El lector habrá entendido claramente que, al mencionar tonalidades y colores, se ha imaginado como si dichas energías fuesen del espectro visible, aunque –se repite– no lo son, por pertenecer a la región de los rayos ultravioleta.

Prosiguiendo con este tema, las energías son similares en ambas manos, pero es preciso tener siempre presentes las polaridades conforme al sexo.

Para finalizar este tema, se pueden formar variadas combinaciones o **mudras** con diferentes dedos en cada mano. Aquí van algunos ejemplos:

- Uniendo los extremos de pulgar e índice se tiene una combinación rojo-violeta, con la tonalidad que corresponde al sexo (**figura I-9**).

- Haciendo lo mismo con los extremos de pulgar y meñique se tiene una combinación amarillo-violeta.

- Si se emplea el mismo criterio para unir índice y anular, se obtiene una resultante rojo-azul.

- Combinando anular y meñique se obtiene un amarillo-azul, vale decir un verde.

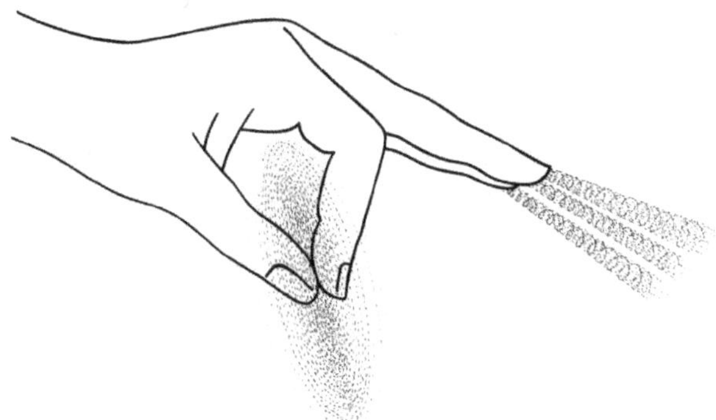

**Fig. I-9:** *Ejemplo de mudra*

Dicho sea incidentalmente, esta última *mudra*, verde, es catártica por excelencia y puede también emplearse para la apertura de áreas y vórtices, siempre con la mano adecuada y en sentido antihorario (hombres con la mano izquierda y mujeres con la mano derecha).

## REGLAS OPERATIVAS

Si el operador es un hombre, deberá emplear el dedo que corresponda de su mano izquierda para promover y favorecer la catarsis o descarga de la zona que sea. Un ejemplo: si hay que atender un trastorno del sistema digestivo, como ser indigestión o constipación, convendrá que emplee el dedo índice de su mano izquierda apoyándolo en las zonas oportunas y, mejor aún, haciendo un movimiento antihorario lento y algo profundo en las zonas y órganos. Si se trata de una operadora o *healer* femenino, deberá hacer exactamente lo mismo, o sea apoyo y aun movimiento antihorario con igual criterio, pero con el índice de la mano derecha.

Otro ejemplo: si se trata de actuar un *healing* que abarque la columna vertebral, y es una mujer quien opera, convendrá que utilice el pulgar de su mano derecha desde el vértex o alto de la cabeza, desplazándolo lentamente a lo largo de toda la columna mientras realiza un recorrido antihorario, vértebra por vértebra, con cierta intensidad, para finalizar en la zona coccígea. La maniobra antedicha, como cualquier otra, puede ser repetida varias veces, conforme sea necesario. El mismo ejemplo, actuado ahora por un hombre, deberá ser hecho por éste utilizando el pulgar de su mano izquierda, siendo todo el resto igual (movimiento antihorario, lento y con cierta profundidad, en sentido descendente).

Supóngase ahora que se quiera actuar un *healing* sobre una persona agitada, angustiada o aun con problemas respiratorios. Si el *healer* es masculino, que aplique el dedo anular izquierdo y realice movimientos antihorarios lentos y con mediana presión en toda la zona donde predomina el área cardiorrespiratoria, o sea pecho, parte superior de la espalda, zona pulmonar, brazos, antebrazos, y también zona laríngea, cardiaca y base del cuello. Si el caso precedente debiera ser actuado por una mujer, ésta convendrá que lo haga empleando el anular de su mano derecha, haciendo todo el resto igual.

Continuando con algunos ejemplos más, si una operadora quisiera actuar para reducir tensiones nerviosas o dolores de cabeza en una persona, convendrá que aplique su dedo meñique derecho y proceda a realizar movimientos circulares anti-horarios (levógiros) en la zona de la cabeza, cerebelo, nuca. Si, por el contrario, se trata de un operador, por ser hombre, lo hará con su meñique izquierdo.

Conviene recordar que las manos y la parte inferior de ambos pies están regidas por el sistema nervioso, para cuando sea necesario intervenir.

Todo lo descrito anteriormente fueron operaciones de descarga en sentido biopsicoenergético, vale decir, con incidencia de diferente manera en las instancias energética, psicológica, funcional y orgánica.

Hay muchas maniobras de descarga (o limpieza, como se prefiera) además de las mencionadas, tales como el uso simultáneo de más de un dedo para operar, formándose combinaciones o *mudras*, como ya se mencionó. Aquí van otros ejemplos:

- Cuando se quiere actuar con más intensidad en la zona hepática, se pueden unir índice y medio (mano izquierda si es hombre, o mano derecha si es mujer).

- Si se quiere actuar en la zona renal, ya sea en uno o ambos lados, cuando la experiencia lo aconseja, se puede abrir y limpiar uniendo los dedos índice y anular de la mano derecha si es una mujer quien hace el *healing*, o bien los mismos dedos, pero de la otra mano, si el proceso lo realiza un hombre.

Se considera necesario hacer aún otros esclarecimientos, entendiéndose todos ellos como importantes y necesarios de tenerse en cuenta.

Los dedos índice, anular y meñique son también llamados los dedos biorrítmicos, porque respectivamente guardan relación con los sistemas digestivo, cardiorrespiratorio y nervioso; estos tres dedos pueden ser unidos formando una *mudra* útil en ciertos casos especiales, tales como para el tratamiento de *healing* en la zona sexual, plexo hipogástrico, próstata, útero, etc.

En el auténtico *healing*, muchos recursos y actitudes son practicables y previsibles, pero algunos absolutamente no; por ejemplo, el uso de ambas manos, pasiva y simultáneamente, representa una incoherencia y hasta un absurdo y se rechaza por total falta de criterio y estilo.

De la lectura y consideración atenta de lo expuesto hasta ahora se advierte por de pronto el alto rendimiento y máxima eficacia que ofrece este *healing*, ya que se opera con el o los dedos y la mano **necesaria**. Es claro que también pueden practicarse ergo-cirugías, empleándose dedos de ambas manos, pero siempre con una absoluta lógica, lo cual permite el máximo rendimiento y mínimo desgaste del operador.


## HIGIENE DEL *HEALER*

La higiene del *healer* vale para ambos sexos y es de capital importancia. No sería exagerado decir que el *healer* debe ducharse muy frecuentemente y que, en cuanto a sus manos, debería tomarse la precaución de lavado, como lo hace un cirujano antes de entrar al quirófano.

Pero hay algo más: el estudioso o practicante del *healing* es consciente de la existencia de un campo energético, bioplasma, cuerpo etérico o modelo organizador biológico, que forma un todo único e indivisible con el organismo y que por tal razón amplía el espacio propio mucho más allá de la piel. El *healer*, cuando procede a la apertura de las áreas, lo hace considerando también el campo energético del paciente, resultando cierto que aun cuando no exista contacto al nivel de piel, a una cierta distancia ya existe interpenetración bioplásmica con todas las posibles transferencias y consecuencias.

Paulatinamente el o la *healer* progresará naturalmente, aumentando su sensibilidad en manera concreta, tal como un técnico con suficiente práctica y experiencia suele, en su profesión, reconocer diferentes piezas muy similares, lo que es hasta imposible para un novato.

A la par que aumenta su experiencia y si toma a cada caso como un verdadero tema de estudio, esta sensibilidad podrá convertirse en algo prácticamente paranormal, como se diría hoy en día, pero que no es otra cosa que la intuición o refinamiento del "ojo clínico" de los antiguos médicos clínicos, facultad ésta prácticamente en vías de extinción.

Siempre que se practique el *healing* a través de las manos, se impondrá una frecuentísima higiene de las mismas porque, al establecerse el contacto energético y/o con la piel, existen incontables variedades de opacidades, larvas, bloqueos y otros agentes ergopatógenos. Esto es de total prioridad, sobre todo cuando se practica el *healing* sobre otra persona por primera vez; a veces el paciente trae bloqueos y cargas que datan de muchos años y que en este instante hacen eclosión y descarga vía operador. Quien ha tenido la nada agradable sorpresa de este tipo de experiencia sabe algunas de las consecuencias, que pueden ir desde náuseas, mareos, vómitos, incontinencias, diarreas y aun consecuencias mucho más deletéreas.

Lo que se impone es la precaución preventiva y para ello el *healer* debe mantener en su otra mano, por ejemplo, una toalla húmeda para limpiarse, o sea, friccionarse desde lo proximal hasta lo distal y nunca en ambos sentidos, durante todo el tiempo que dura la porción del *healing* referida a la descarga; esto, como mínimo.

La toalla húmeda mencionada puede estarlo con agua, o bien alcohol. El autor prefiere el uso de una **colonia** que prepara para tales efectos, ya que un excesivo uso de la toalla húmeda presenta demora en el secado de posible ropa del paciente, en tanto que el alcohol puede ser algo irritante en personas sensibles. Esta colonia está elaborada con tres componentes y un tratamiento electromagnético con dos frecuencias superpuestas.

Una variante aceptable a la **colonia energética** es que el propio *healer* utilice una colonia fresca de base cítrica, lima, pomelo, limón o una mezcla de ellas, que nunca sea caliente ni dulzona. Buscar dentro del propio ambiente local para tener lo adecuado.

El ambiente en donde se practica el *healing* deberá ser tan limpio como un quirófano, desde el punto de vista energético. A baja altura convendrá se mantenga encendida una **lámpara de color verde**, del tipo común, que se obtiene en los comercios. Si dicho ambiente es utilizado en forma cotidiana, la luz verde, o sea cromoenergética, podrá quedar conectada en modo permanente. La potencia es suficiente entre los 15 ó 25 Watt, si es de vidrio transparente, o bien entre 25 ó 40 Watt, si es pintada. Si el ambiente es más que mediano en proporciones, convendrá disponer dos lámparas de similar potencia para cumplir con el cometido.

La razón del empleo de esta fuente luminosa es porque el verde es el color de la naturaleza y de la gran vegetación y se corresponde con la tonalidad de Fa, que es el sonido de las grandes masas líquidas del planeta (océanos, cataratas, etc.). Además, en la década del 70 se realizaron estudios concluyentes cumplidos por la NASA y que llevaron, entre otras cosas, al cambio hacia el tono verde de los uniformes del personal de hospitales, a diferencia del blanco que se empleaba antes.

En definitiva, el verde es el centro de la octava del espectro cromático que percibe el ojo humano y totalmente específico a estos fines catárticos que se menciona.

También puede emplearse, si se desea, alguna **lámpara del tipo de gas neón**, que se ioniza dando una tonalidad anaranjada cuando es conectada a la red eléctrica.

Hay otros tipos de lámparas, con otros gases inertes, que también producen tonalidad verde, pero los dados anteriormente son ya suficientes.

El *healer* o armonizador convendrá que tome duchas muy frecuentes; por lo menos antes de comenzar su tarea y una vez acabada la jornada. Si bien puede usar luego su propio jabón de tocador o *shampoo*, lo importante es que el *healer* utilice un jabón de uso muy común y de venta en cualquier comercio adecuado; este **jabón** es uno de tocador, pero que contiene una pequeña proporción de **glicerina, coco o azufre**; la proporción debe ser de cualquier valor entre un 5 y un 15%. Además de los efectos cutáneos, la radiación que poseen estos aditivos naturales higiénicos es tal que asegura una mucho mayor higiene del campo bioplásmico. Como se ha dicho, es indistinto el uso de cualesquiera de ellos o bien el empleo alternado.

## OSMOENERGÉTICA

Existen algunos pasos mínimos que debe respetar el *healer* para mantener el ambiente de trabajo energéticamente limpio en modo permanente. Hay una amplia gama de perfumes en forma de velas o inciensos, que ayudan a producir un ambiente agradable al olfato; estos elementos cumplen con una parte de la necesidad, pero sólo con la menor, puesto que perfuman pero no limpian el ambiente de trabajo.

Por otro lado se tiene defumadores, que en algunos casos sí sanean el ambiente, pero a veces llegan a ser irritantes o desagradables por el olor que producen.

Lo ideal son los **perfo-defumadores**, los cuales existen casi únicamente por fabricación especial. Estos agentes cumplen con la doble función de limpiar y sanear la energía del ambiente de trabajo, a la vez que liberan un perfume satisfactorio. El *healer* que realiza su labor en su propio ambiente convendrá que consuma 2 conos o unidades en cada jornada: la primera unidad, bien antes de comenzar su tarea, y la segunda, al acabar la jornada; o sea, antes de comenzar y una vez acabada la jornada.

En cuanto a estos productos, existe una cierta confusión, ya que la casi totalidad no presentan fórmulas y hay una gran cantidad de productos adulterados.

Así como en el caso de jabones y lámparas no hay inconvenientes en obtenerlos en manera adecuada, en el caso del perfo-defumador conviene remitirse a una fábrica artesanal sita en Manila (Filipinas), otra en Queensland (Australia), o bien una tercera autóctona sita en Manaus (Brasil). Fuera de las indicadas es probable existan algunas más, pero el autor carece de mayor información al respecto.

## DESCRIPCIÓN DE UNA SESIÓN BÁSICA DE APERTURA Y CATARSIS

El ejemplo que sigue pretende dar una noción aproximada y referencias generales. Se supondrá que el *healer* u operador es en este caso un hombre y que el mismo ha cumplido con las recomendaciones inherentes a higiene personal, de las manos y del ambiente de trabajo; también se supondrá que el sujeto o paciente acude a la sesión con la máxima higiene corporal posible y con indumentaria limpia y sencilla.

### A) Relax inicial

Hacer descansar y relajar al paciente en modo horizontal sobre una camilla, sofá, etc., sin el calzado, con la ropa confortable necesaria y aflojando fajas, elásticos o cinturones, principalmente en cuello, pecho, vientre y pies; en muchos casos ayuda invitar al paciente a que mantenga sus ojos cerrados, o mejor aún si se coloca un pañuelo o venda sobre los ojos para el mayor aislamiento posible.

Un ambiente con una cantidad de luz que no exceda lo necesario, sin duda que será siempre favorable. También conviene que la persona sometida al tratamiento procure mantener su boca bien húmeda y con bastante saliva; con esto se producirá un aumento o pH más alcalino y sin duda óptimas condiciones posibles de distensión y relax del cuerpo y aura. El interesado puede informarse acerca de la serie de casetes "en vivo" del Dr. Vinardi.

El autor además sugiere tres pasos, en el orden que sigue:

- Relax de la boca y mandíbulas, con lo cual se promueve la soltura ósea y ablandamiento muscular.

- Cierre de los ojos, con lo cual se aísla el sentido de la vista, promoviéndose una mejor posibilidad de "mente en negro".

- Pérdida de la común sensación corporal, que favorece una mucho mayor plasticidad energética.

Es imprescindible que el *healer* establezca, refuerce y perfeccione su **conexión personal**, puesto que de lo contrario no se puede encarar seriamente ningún *healing* a través de las manos. Esto se explicará aparte y se supone aquí que el operador ya se ocupa de ello.


## B) Apertura de las tres áreas básicas

Luego de unos dos a cuatro minutos de relax del paciente, el *healer* puede comenzar su labor iniciándolo con la apertura de las tres áreas básicas.

Tomando como ejemplo un operador masculino (siempre hay que respetar el sexo del operador), empleando el índice de la mano izquierda, realizar la apertura con movimiento antihorario en donde hay mayor predominancia del **sistema digestivo**: boca, estómago, masa intestinal y ambas piernas. Continuar luego con otra área, por ejemplo la de predominio del **sistema cardiorrespiratorio**, empleando el dedo anular izquierdo, siempre con movimiento antihorario, en las zonas de: oídos, nariz, garganta, pecho, brazos y parte superior de la espalda. Finalmente, cumplir con la apertura del área restante que, en el ejemplo, sería la correspondiente al **sistema nervioso**; o sea, empleando el meñique izquierdo con movimiento antihorario en las zonas de cabeza, ojos, a lo largo de toda la columna, área sexual, ambas manos y plantas de pies.

Con lo anterior se ha procedido a la apertura en modo general de las tres áreas o sistemas básicos del organismo. Por tratarse de un tema muy serio, se descuenta la debida **atención** del *healer* o practicante, puesto que, de lo contrario, no deben esperarse resultados. En la duda, repetir los pasos más veces.

Pero, como en la BPE es tan real el organismo como el campo bioplásmico, el criterio operativo comporta el movimiento, sea a cierta distancia del sujeto como próximo a la piel o aun en contacto con la misma, ya que se están abriendo vórtices o grupos de vórtices y es necesario no perder nunca esta visión y concepto.

El área de actuación puede tomarse con una media de unos 40 cm en todas las direcciones, vale decir, considerando al sujeto como envuelto en un cilindro o contenedor energético. En los cursos el autor a veces asemeja la estructura humana con la de un huevo: la yema significa el organismo, la clara el campo energético y la cáscara el confín de la estructura radiante del sujeto, más allá de lo cual deja de existir lo que es de uno.

Por organismo debe entenderse siempre el cuerpo en su totalidad, que debería llamarse más propiamente **cuerpo quí-mico**, por ser la sede de las reacciones químicas. El campo bio-plásmico permea, atraviesa y sobrepasa en todos los sentidos y direcciones al soma y debiera denominárselo (y quizás así se haga en un futuro) **cuerpo físico**, por ser de naturaleza morfoforética y radiante y la sede de las reacciones físicas y más sutiles. La cáscara es el confín del continente personal, hasta donde se manifiesten las energías que constituyan el todo del sujeto, e incluye niveles más sutiles que escapan a los propósitos de este tratado.

El lector, para mejor orientación, puede remitirse además a los tomos I y II de BPE.

El **tiempo** que demanda la apertura de estas tres áreas puede ser de varios minutos. Con buena práctica, el operador puede cumplir con ello en tres o cuatro minutos, pero en sus comienzos probablemente empleará el doble del tiempo o más, pero ello no disminuye en nada su trabajo, puesto que lo que se busca es realizar la tarea con la máxima conciencia.

La **secuencia de apertura** de las tres áreas queda a total criterio del operador, pudiendo hacerlo en cualquier orden. En caso de duda o necesidad, podrá repetirse o insistirse para el adecuado cometido, como ya se ha dicho.

En todo este proceso de apertura de las llamadas áreas básicas, que cubren a la vez todo el organismo, el *healer* habrá higienizado muchas veces sus manos desde el brazo hasta la punta de los dedos, con ayuda, por ejemplo, de alguna colonia catártica como la que fuera sugerida. Se comprende que es muy difícil dar normas al respecto, pero en este caso lo que abunda no daña, porque no va en perjuicio de lo fundamental y sí, en cambio, ayuda; como noción muy general, podría ser de una a tres higienes por minuto.

Con lo descrito anteriormente se ha ilustrado el proceso de apertura energética general.


## C) Apertura de los vórtices

Los vórtices constituyen los órganos naturales que posee el campo bioplásmico (o etérico, etc., como quiera llamarse) para la transferencia de energías desde el sujeto al externo y viceversa. En otros términos, se trata de la economía energética que posee una fase de carga o anabolismo y otra de descarga o catabolismo, constituyendo el total del metabolismo bioplásmico, que se integra con el ya conocido metabolismo fisiológico.

El vórtice es, entonces, la expresión más universal de la manifestación de la energía y abarca por lo menos desde la instancia subatómica más elemental hasta la galáctica, comprendiendo los cinco estados de la materia-energía reconocidos por la Física actual.

Un vórtice puede ser de uno de los dos siguientes tipos: **eferente** o **aferente**. Los eferentes son los que cumplen la función de descarga en el campo energético y poseen predominio de giro levógiro o antihorario. Los vórtices aferentes, en cambio, son de carga o asimilación y poseen un sentido de giro con predominio horario o dextrógiro.

Habiéndose cumplido en el apartado anterior con la apertura de las áreas o sistemas, en lo específico el *healer*, continuando con todo el ejemplo que se está dando, procederá ahora a abrir puntos más específicos o focos de energía, empleando siempre su mano izquierda solamente (por ser un operador masculino, se repite) y con movimientos en sentido antihorario, como sigue (**figura I-3**).

- **Vórtice solar**: con el dedo índice, en la zona umbilical, con presión de mediana a intensa.

- **Vórtice laríngeo**: con el dedo anular, en el hueco de la base del cuello, con presión de intensidad moderada a mediana.

- **Vórtice cardíaco**: con el dedo anular, alrededor de la tetilla izquierda, si el paciente es un hombre, o bien de la punta del seno izquierdo, si fuere una mujer; intensidad moderada a mediana.

- **Vórtice hipofisiario**: con el pulgar, en la zona del entrecejo; intensidad mediana.

- **Vórtice sacro**: con el dedo pulgar, en la zona sexual, inmediatamente encima del pene, si el paciente es hombre, o del labio superior, si fuere mujer; en ambos casos intensidad moderada, o sea, menos que el nivel mediano.

- **Vórtice hepático**: con el dedo medio, en la zona inferior del hígado; intensidad mediana a fuerte.

- **Vórtice coronario**: con el dedo pulgar, en zona del vértex; intensidad moderada.

El lector habrá podido apreciar que no se ha seguido un orden correlativo, y esto que sirva para ilustrar que las aperturas de vórtices se pueden hacer en cualquier orden y aun insistir más de una vez en algunos de ellos. El autor frecuentemente repite la apertura del vórtice laríngeo, volviendo a él varias veces durante el proceso de apertura de los vórtices magnos, de los cuales los indicados son los ejemplos principales.

Aparte de estos vórtices se pueden también abrir el del bazo y otros, como el del timo, páncreas, carótidas, según el estudiante vaya progresando, percibiendo la necesidad y haya asistido directamente a los seminarios de aprendizaje. No estará demás el abrir los vórtices grandes, que no pocas veces son la fuente de desbalances energéticos, y al siempre mismo operador (masculino) se sugiere que abra también así:

- con el pulgar, toda la columna vertebral en sentido descendente, o sea, únicamente desde cervicales a coccígeas; **nunca** en ambos sentidos;

- con el dedo medio, o bien con el medio e índice unidos (pues, en este caso, el índice refuerza la energía del dedo medio), el vórtice del bazo;

- con los dedos índice y anular unidos, o sea formando una *mudra*, los vórtices renales;

- con el medio y meñique unidos, el vórtice del páncreas;

- con anular y meñique unidos, los vórtices de las suprarrenales;

- con índice y medio unidos, los vórtices de ambas articulaciones coxo-femorales, rodillas (tanto delante como atrás) y tobillos;

- con índice y anular unidos, ambas articulaciones de hombros, codos y muñecas;

- con pulgar e índice unidos, los vórtices de ambas manos y pies.

El tiempo total que puede demandar la apertura de estos vórtices puede ser de unos diez minutos cuando se es novato o principiante, pero puede reducirse a la mitad del tiempo cuando la persona adquiere solvencia. Y para recalcar esto, por solvencia deberá entenderse un desarrollo cada vez más prolijo de la propia sensibilidad, que no tiene nada que ver con el automatismo o descuido de la labor.

Todo este ejemplo, se repite una vez más, fue dado considerando que el operador fuese un hombre. Pero, como ya ha sido sentado desde el principio que da exactamente lo mismo que el *healing* sea practicado por cualquiera de los dos sexos, en el caso de tratarse de una mujer, o sea, una operadora, deberá hacer exactamente lo mismo empleando su mano derecha, por ser la polaridad de su sexo.

**Importante**: los movimientos indicados hasta ahora han sido todos de sentido antihorario; ya sean éstos como los de tipo horario –que se indicarán para otras maniobras– siempre serán válidos y deberán ser respetados (sea que los ejecute un hombre o una mujer), pues éstos son los sentidos de giro de movimientos universales. Por otro lado, las polaridades de las manos serán las adecuadas conforme al sexo, para cumplir con el objetivo deseado.


## D) Realineación de los vórtices a su situación originaria

Como bien se ha demostrado todo ello en las investigaciones dirigidas por el autor en la San Francisco State University de

California, el bioplasma y su potencial está constituido, en definitiva, por corpúsculos energéticos, que son exactamente los vórtices; la total estructura es una síntesis de manifestación de los mismos, habiéndolos dividido el autor en cuatro diferentes tipos, de acuerdo a su tamaño y funciones: vórtices magnos, grandes, medianos y pequeños. Este volumen III no ha de repetir lo que ya se halla más detallado en el volumen I de BPE, pero se ilustrarán algunos otros detalles, como sigue a continuación.

En la estructura etérica o bioplásmica se tienen muchos y variados ritmos y frecuencias, pero hay tres grupos que se corresponden respectivamente con los biorritmos básicos o primarios y que coinciden con los hallados, descubiertos o redescubiertos por Fliess, Swoboda, Judt y Telstscher en la primera parte del pasado Siglo XX.

Al abrir todos los vórtices más significativos, es natural que los haya del tipo aferente como eferente, pero al actuarse la apertura se deberá favorecer la de todos ellos, puesto que lo que se busca es la máxima condición de descarga de los vórtices y ésta nunca habrá de causar ningún problema, sino todo lo contrario. En un sentido global, existe igual cantidad de vórtices aferentes como eferentes.

Al abrirse todos los grupos de vórtices, como además cada uno de ellos, se presenta una situación de mayor o menor área de las bocas de los vórtices mismos; es bien claro que los mismos retornarán a la posición actual, o sea, del momento que se trate, conforme al biorritmo a que pertenezcan. Todos los vórtices retornan por su propia energía a su condición primitiva en un lapso que puede variar entre tan sólo unos muy pocos minutos hasta un **máximo de dos horas**.

Sucede que cada biorritmo coincide raramente con otro, además de tener diferente período cada uno de ellos. Esto se halla más detallado en el particular dedicado a biorritmos y vórtices en el volumen II de BPE. Así, entonces, una vez actuado el proceso de *healing* de apertura, si el sujeto no recibe ningún otro estímulo, los vórtices de cada grupo y sistema, sean magnos, grandes, medianos o pequeños, retornarán por propia energía al nivel que corresponde al día en cada ciclo respectivo.

Tanto la sustancia neurovegetativa como el campo bioplásmico son patrimonio del instinto, o sea, pertenecen al centro instintivo; también pertenecen al mismo los vórtices en general.

En todo ser humano en condiciones de salud normal, y por extensión en todos los seres de sangre caliente y respiración pulmonar, la respiración es alternada. Una fosa nasal respira durante una hora y cincuenta y seis minutos (1:56) y en los cuatro minutos (0:04) siguientes se tiene la respiración por ambas fosas. Seguidamente se inicia otro ciclo, donde se respira una hora y cincuenta y seis minutos (1:56) por la otra fosa, y los últimos cuatro minutos (0:04), hasta completar un período de dos horas (2:00), se respira por ambas fosas. Vale decir, a lo largo de toda la vida se respira alternativamente por una fosa u otra, excepto por contados minutos, donde se tiene respiración simultánea por ambas fosas. Esta situación puede cambiar si hay enfermedad.

En lo que hace al proceso de *healing*, el tiempo de retorno a la condición preexistente de los diferentes grupos de vórtices básicos estará entonces dado por el instante en que se practica el *healing* y el tiempo que existe hasta completarse el ciclo que se comenta.

Esta explicación se ha brindado para aclarar en detalle el tiempo de retorno de los vórtices a su condición primitiva, pero a los efectos prácticos del *healing*, bien llevado a cabo, unos pocos instantes son suficientes para la liberación y descarga de las posibles energías ambientales y bloqueantes, que, desde el instante en que son liberadas, pierden la mayor parte de su negatividad, pero que precisan ser totalmente descargadas y neutralizadas con la ayuda de las precauciones de higiene personal, higiene ambiental, cromo y osmoenergética, etc., descritas anteriormente y que resultan de tanta importancia.

En caso de darse por finalizada la sesión de *healing* —lo cual es suficiente en bastantes casos—, el sujeto o paciente que lo ha recibido puede reintegrarse a sus tareas propias o habituales sin ninguna recomendación especial, excepto que trate de evitar en los veinte minutos siguientes situaciones o ambientes muy congestionados.

En general, se tiene una sensación de frescura y bienestar luego de la sesión de *healing*. Personas poco sensibles a veces no lo perciben mayormente, pero ello no modifica el valor intrínseco del proceso; aun se dan unos casos aislados donde la persona a veces experimenta alguna ligera sensación de mareo o malestar, totalmente insignificante y pasajera.

## CARGA Y ESTIMULACIÓN DE LOS SISTEMAS Y ÁREAS DE ENERGÍA

Si la sesión de *healing* está planeada para incluir también carga o estimulación, pasados algunos pocos minutos de la apertura se puede proceder a ello, siempre manteniéndose las condiciones de higiene y precaución ya mencionadas.

Continúese suponiendo que el *healer* sea masculino, destacándose que no importa el sexo del paciente, por cuanto cualquier *healer* puede llevar y practicar este conocimiento con el mismo sexo o el contrario, e indistintamente sea el operador masculino o femenino.

Los pasos sugeridos serían:

1) Estimular la dinamización de las tres áreas o sistemas, sin que exista un orden obligatorio, sino a criterio del operador, con tal de que se cumplan las tres zonas.

2) Supóngase que se va a estimular la zona que hace al sistema cardiorrespiratorio y que es también el área de predominio azul. Utilizará el dedo anular derecho, haciendo movimientos circulares con sentido horario en

oídos, nariz, tetillas o puntas de senos (según corresponda) y toda la zona anterior y posterior de la parte superior del tronco, evitando la zona de la base del cuello, que es donde se halla el vórtice laríngeo. En este punto el *healer* continuará a abrir más veces este vórtice, el laríngeo, que es netamente eferente o de descarga, empleando su anular izquierdo, con movimiento antihorario. También hará lo mismo uniendo índice y anular izquierdo para abrir más veces los vórtices grandes de ambas axilas. Empleará índice y anular derecho para estimular, con movimiento horario rápido, brazos y antebrazos.

3) Continuar el proceso, por ejemplo estimulando la zona que corresponde al sistema digestivo y que es también la zona de predominio rojo. Empleará para ello el índice derecho en la zona de boca, estómago, masa intestinal y piernas y el dedo medio de la misma mano para la zona hepática. La parte baja del tronco también recibirá el estímulo del dedo índice derecho. En todos los casos serán movimientos circulares con sentido horario, relativamente rápidos y superficiales, o sea, lo contrario de los movimientos de apertura. En el particular de la zona renal, se podrá estimular usando índice y anular de la mano derecha, siempre con el mismo sentido de giro horario, en manera rápida y superficial.

4) Si se ha seguido el orden anterior, completar por último la estimulación del sistema nervioso, que es a la vez el área de predominio amarillo. Emplear el meñique derecho, siempre con el mismo criterio dextrógiro, en las zonas cercanas a los ojos, frente, cabeza, sienes, área sexual, manos y plantas de pies.

El buen criterio y la experiencia indicarán al *healer* la conveniencia y/o necesidad de insistir o reforzar una u otra área. En el caso de reiteradas sesiones con el mismo paciente, el *healer* podrá cambiar el orden de actuación en estas tres áreas.

## CARGA Y ESTIMULACIÓN DE LOS FOCOS Y VÓRTICES IMPORTANTES

Los puntos y focos de energía significan zonas específicas de actividad glandular y nerviosa, como así de vórtices de gran importancia. El orden de estimulación puede ser cualquiera, por ejemplo:

- Siempre con movimiento circular y veloz en sentido horario y actuando en los mismos puntos donde se practicó la apertura, utilizar el pulgar derecho para estimular el vórtice **sacro**.

- Efectuar lo mismo para el vértex y el vórtice **coronario**.

- Aplicar todavía el mismo criterio para la zona del entrecejo y vórtice **hipofisiario**.

- Emplear el medio derecho para estimular la zona **hepática** y vórtice respectivo.

- Emplear el índice derecho para estimular el vórtice **solar**.

- Emplear el anular derecho para estimular la zona y vórtice **cardíaco**.

- Emplear siempre la mano derecha, únicamente para otras necesidades de carga y estimulación; por ejemplo: índice y anular para las zonas y vórtices **renales**, anular y meñique para la zona y vórtices **suprarrenales**, etc.

- Estimular cualquier otra zona y foco de energía que se crea necesario empleando los mismos dedos utilizados para la apertura, pero ahora con la mano derecha y con movimiento circular horario veloz, ligero y sutil.

Y cabe ahora trasladar todas estas operaciones para el caso de tratarse de una *healer* u operadora. Si ésta es una mujer, deberá emplear exactamente los mismos dedos y combinaciones descritas arriba, pero realizadas con la mano izquierda.

## IMPORTANCIA DE LA CONEXIÓN POR PARTE DEL *HEALER*

Este punto es el fundamental en el *healing* hecho a través de las manos y también lo es en buena medida en algunos otros modos de operación. Concretamente —y esto vale igualmente para ambos sexos—, **si no hay una conexión mínima, no existe el *healing***; si existe una conexión muy buena, el *healing* llegará a producir resultados asombrosos. Entonces, se puede afirmar que **la conexión es la esencia operativa del *healing***.

Desde el mismo inicio del aprendizaje, la conexión será materia de primordial cultivo y perfeccionamiento, no existiendo un límite.

¿Qué es esta **conexión**? Sintéticamente, es la posesión y ejercicio de una unidad biopsicoenergética o cuerpo-aura, como se prefiera, cultivada y progresada en tal manera, que da como resultante un verdadero *healer*, que se manifiesta en todo momento que practica este arte-ciencia. Conexión no significa mero relajamiento; esto último es aplicable y deseable en todo caso en el sujeto o paciente, que debe prestarse con el máximo de disponibilidad posible, tratando de lograr el máximo estado de pasividad o condición receptiva. En cambio, el o la operadora —quien sea— deberá tener un claro concepto de su propia unidad. El *healing* descrito en este capítulo **se realiza con todo el cuerpo**, aunque se lleve a cabo con los dedos de las manos.

El autor no ha conocido aún ningún caso ni ejemplo de persona que haya logrado tal conexión de unidad en modo instantáneo o inmediato; en cambio, sí lo ha experimentado en sí mismo y ha dado las posibles instrucciones y pautas para el logro de tal base fundamental a quienes se han interesado en esta materia.

No se trata de una simple técnica, sino de una conexión que **nace dentro de uno mismo** y luego se mantiene aún más allá de la piel. No se trata, entonces, de algo que se puede enseñar, pero sí se puede aprender.

En el aprendizaje de las materias que hacen a la ciencia y la tecnología, la transmisión se efectúa a través de pasos y procesos a veces complicados en sus detalles, pero siempre claros y lineales. En cambio, el tema de la conexión implica una concientización de algo muy interno y profundo que hace a la energía misma. Entonces, esto comporta un trabajo que nace en el interior de uno mismo y que existe primero dentro de sí mismo, para luego reencontrarlo en el exterior.

Definitivamente, la conexión no es el resultado del esfuerzo muscular, ni neurótico, ni temperamental; tampoco se obtiene por el simple deseo y jamás por la obstinación.

A medida que se va obteniendo y desarrollando la conexión, el *healer* o practicante **siente** sobre todo que su **cuerpo entero** está unido, formando una sola cosa, y que, por la ausencia total de tensiones, bloqueos y contracciones, su propia energía **fluye** a través de sus manos y alcanza a **conectarse** con el receptor o paciente, ya aún antes o bien a veces sin necesidad de contacto a través de la piel. En otras palabras, el *healer* ya está conectado con sus energías aún antes de aplicar sus manos y mantiene su conexión en todo momento mientras opera.

Cuando ha obtenido esta conexión, aunque sea parcialmente o por momentos, la acción y resultados de su *healing* es multiplicada cuantitativa y cualitativamente, logrando resultados hasta no imaginables.

El tema de la conexión del *healer* se puede ayudar a estimular y dirigir solamente en manera práctica y directa, como ocurre ya desde un primer seminario.

Tanto como para dar en lo posible una cierta idea parcial, el lector puede practicar cuanto sigue:

1) Colóquese cómodamente sentado o recostado, según prefiera.

2) Deje que su cuerpo se relaje, soltando la mandíbula y los músculos de la cara.

3) Levante su brazo de donde está apoyado (con lo cual lógicamente dejará de estar relajado, puesto que, de lo contrario, no podría hacer ningún movimiento).

4) Con el mínimo necesario de energía, levante su antebrazo y permítale que realice variados movimientos de flexión y extensión de antebrazo, mano y dedos, con el mínimo de esfuerzo muscular y a la vez con el máximo de sensación de energía que nace dentro del cuerpo.

5) Progresivamente ir desarrollando esto con ambos brazos alternativamente y luego, mucho más adelante, con ambos brazos a la vez.

6) En forma gradual se irá formando y creciendo un mayor caudal de energía que nace en el centro del cuerpo, a la vez que disminuye la energía muscular y desaparece cualquier componente neuroemocional.

7) El ideal de este proceso sería un absoluto de energía con cero de materia; ideal que es un imposible, pero hacia el cual deberá tratar de aproximarse en todo lo posible.

El tiempo que demanda poseer una buena conexión es largo, pero no hay que desalentarse. Piense y actúe, al menos por ahora, con estos ejercicios. Pasadas algunas semanas, quizás usted pueda pensar que ha logrado ya algo significativo, pero difícilmente será así; inténtelo por un lapso del orden de unos ocho años o más; probablemente ya habrá logrado algún resultado, siempre perfectible.

Como breve referencia a la **figura I-10**, la misma ha sido denominada "magnetismo", para hacer ver dos energías básicas reales y vigentes en todo ser humano. Una de ellas es (por percepción extrasensorial) de color rosado y se tiene en los vórtices de las axilas y codos, en toda la región interior del brazo y en la palma de la mano. Con el mismo criterio de observación, la otra es de tono azulino y se tiene en el vórtice hipofisiario, vórtices grandes de hombros y codos, lado externo, y en cierta manera en los diferentes dedos.

Esto es una simple referencia, dado que el autor emplea datos precisos para cada zona y dedo.

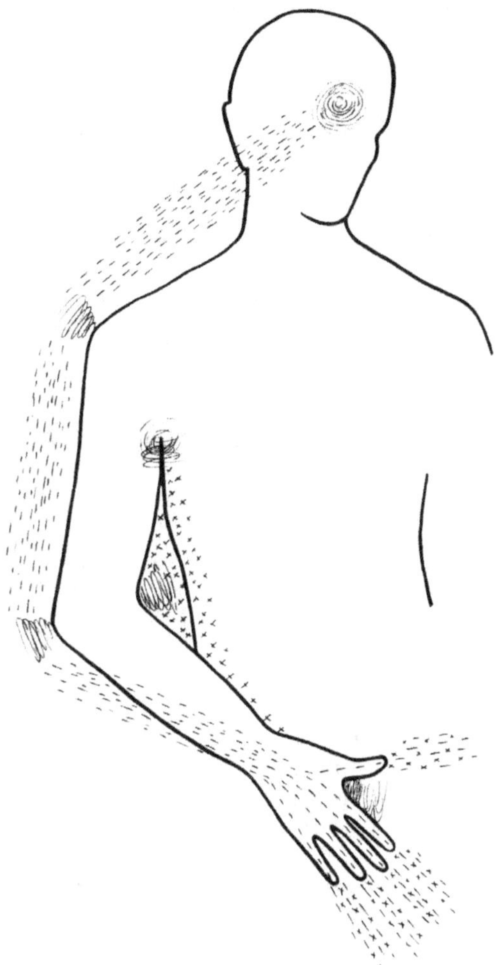

**Fig. I-10:** *"Magnetismo"*

A veces se hallan personas con grandes dotes de estas energías bioplásmicas, que resultan espontáneos curanderos o "mano-santas".

## *SELF-HEALING* O AUTOARMONIZACIÓN

Todo el proceso y ejemplo dado anteriormente, acerca de un *healer* actuando sobre otra persona (cualquier sexo, tanto en operador como en paciente, se repite), puede ser actuado por la misma persona sobre sí misma, siempre y cuando se respeten los principios dados al comienzo.

Supóngase que se trata ahora de una persona de sexo femenino, que quiere realizarse *self-healing* o autoarmonización. Lo primero que deberá hacer, cumplidos todos los pasos de higiene personal y de ambiente, será emplear su mano derecha con movimientos circulares antihorarios en cada área para favorecer la descarga.

Como segundo paso, aplicar el dedo oportuno y siempre con la misma mano para favorecer la descarga de puntos específicos (que tienen que ver con vórtices magnos y grandes).

Es claro que cuando la persona es operadora y paciente a la vez, puede ser algo más trabajoso llegar a todas las partes del cuerpo, pero con la práctica se obtienen muy buenos resultados.

Una vez realizada la apertura en general y en detalle, en la medida en que fuere necesario, si fuere el caso, la operadora del ejemplo podrá estimular la energía donde resultare necesario, empleando para ello el dedo o dedos de su mano izquierda, con movimientos en sentido horario o dextrógiro.

Para eliminar cualquier duda, recuérdese que el sentido horario o antihorario es el que se puede ejemplificar, si se quiere, con la ayuda de un disco o algo que simule un reloj apoyado sobre la piel, para total claridad didáctica. Aún más, cuando una persona abre o descarga, el movimiento debe ser contra-reloj o como si "destornillara"; mientras que en la estimulación o carga el movimiento es a favor del reloj, o como si estuviera "atornillando".

Lo que cambia es la mano que opera para lograr este resultado. Recuérdese que los movimientos horario y antihorario son universales y lo que cambia es la polaridad de quien efectúa las maniobras.

Finalmente, si el auto-operador fuere masculino, hará todo exactamente igual, pero empleando su mano izquierda para la apertura o descarga y la derecha para estimulación o carga, con el o los dedos oportunos.

**Observación importante**: En la auto-armonización se impone una mayor insistencia en la higiene de brazos y manos, o sea, cada pocos segundos, puesto que las energías propias, que uno mismo debe descargar, suelen reinsertarse en poco tiempo y con relativa facilidad, y de allí la necesidad de duplicar la higiene.

## MANIOBRAS ILUSTRATIVAS

En las próximas páginas se ejemplifican algunas maniobras ilustrativas, que pueden ser de tres tipos:

a) de descarga, hechas por el autor con su mano izquierda; **figuras I-11 a I-23**;

b) de carga y estimulación, hechas por el autor con su mano derecha; **figuras I-24 a I-26**;

c) de cirugía energética, utilizando ambas manos simultáneamente; **figuras I-27 a I-31.**

**Nota**: Aunque sea redundante, todas las fotos son con operador masculino. En caso de ser operadora (sexo femenino), hacer todo lo mismo, pero con la mano o manos contrarias.

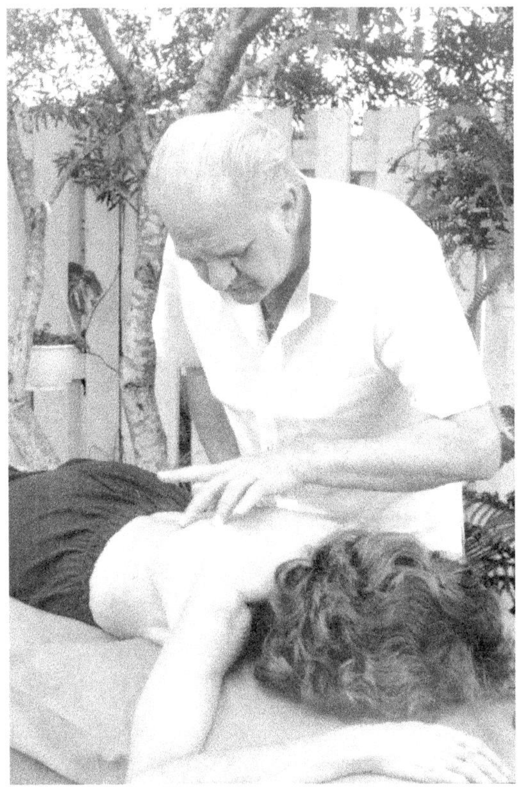

**Fig. I-11:** *Apertura en el área de predominio azul (sistema CR), empleando dedo anular izquierdo.*

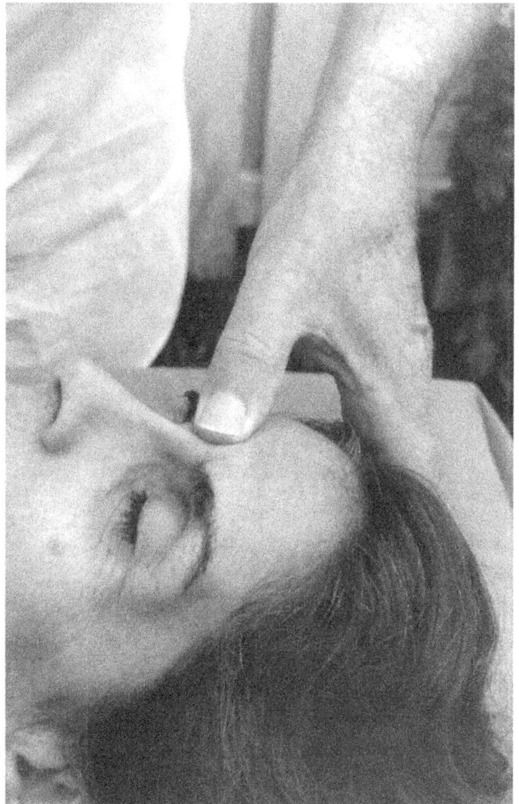

**Fig. I-12:** *Apertura vórtice hipofisiario, empleando pulgar izquierdo.*

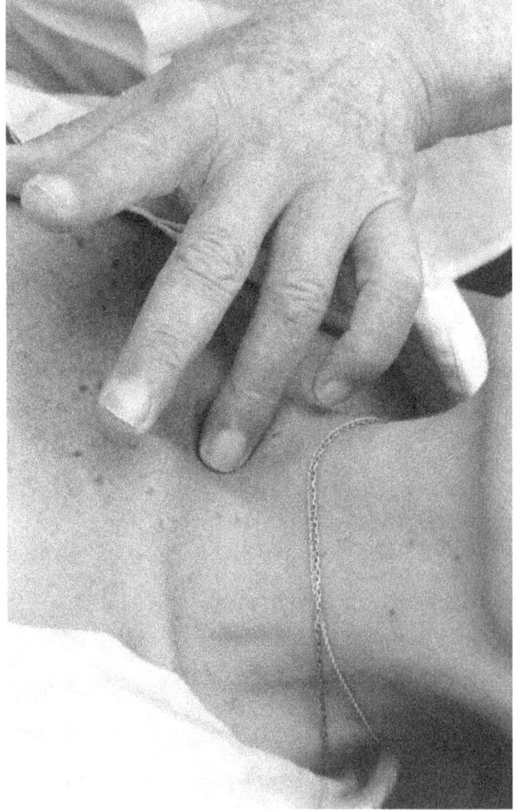

**Fig. I-13:** *Apertura profunda de la zona tiroidea (vórtice laríngeo), empleando dedo anular izquierdo.*

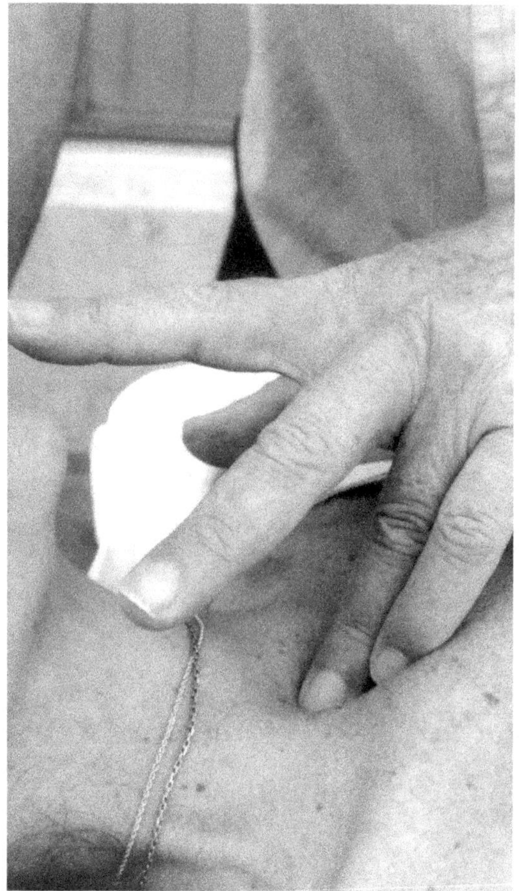

**Fig. I-14:** *Ídem figura anterior, con anular y meñique izquierdo.*

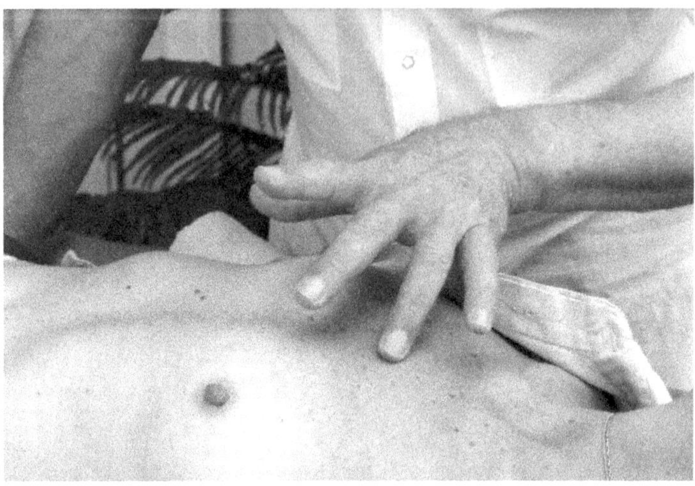

**Fig. I-15:** *Apertura general de la zona de predominio azul (sistema CR), empleando dedo anular izquierdo.*

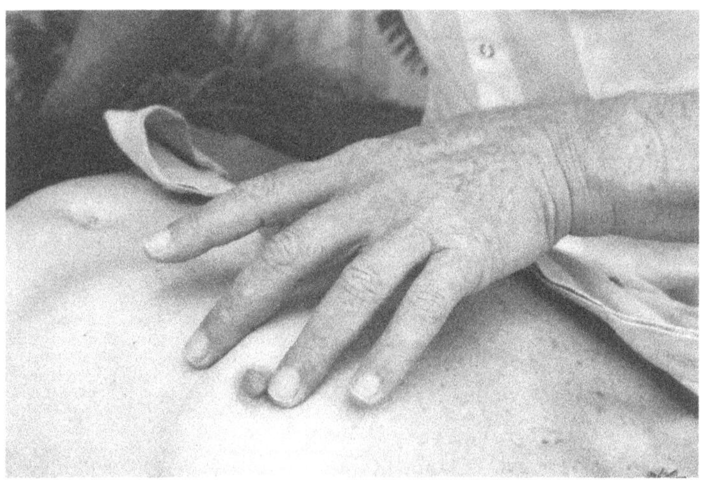

**Fig. I-16:** *Apertura de vórtice cardíaco, empleando anular izquierdo.*

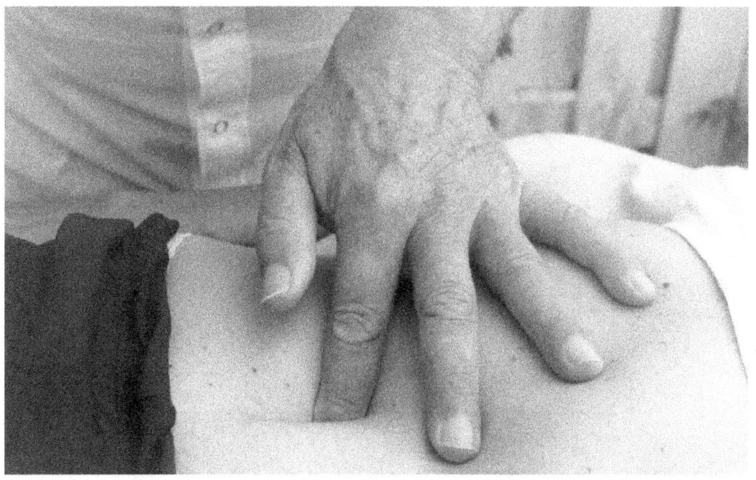

**Fig. I-17:** Apertura profunda de plexo y vórtice solar, empleando índice izquierdo.

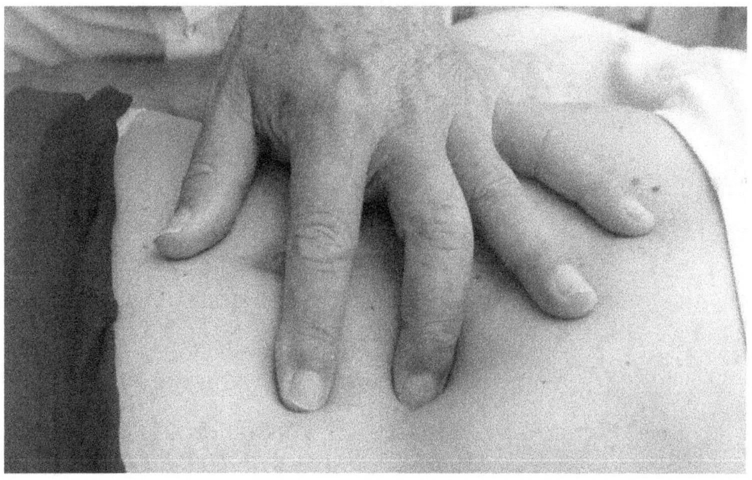

***Fig. I-18:** Apertura profunda de la zona y vórtice hepático, empleando dedo medio izquierdo.*

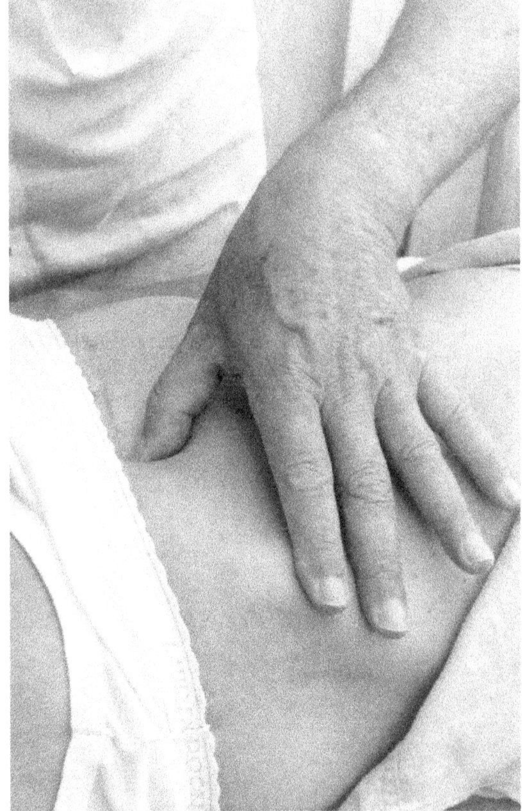

**Fig. I-19:** *Apertura de vórtice de útero, empleando pulgar izquierdo.*

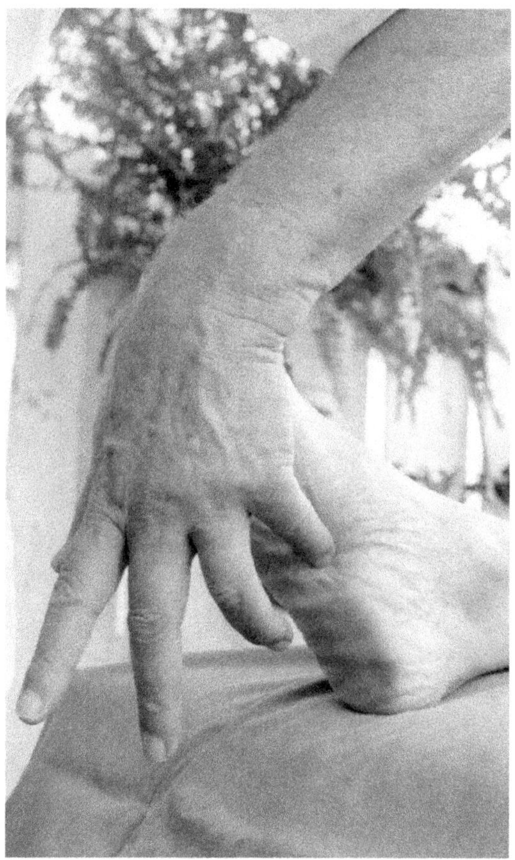

**Fig. I-20:** *Apertura de vórtice grande en planta de pie, empleando dedo meñique izquierdo.*

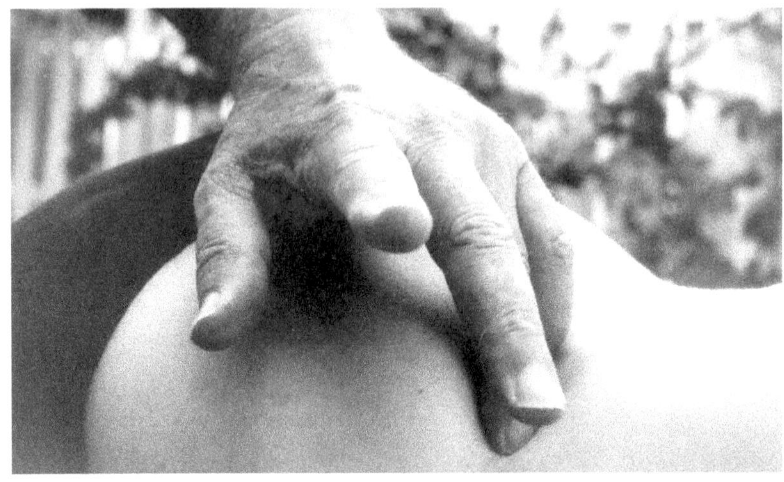

**Fig. I-21:** *Apertura vórtice renal, empleando anular y meñique izquierdo.*

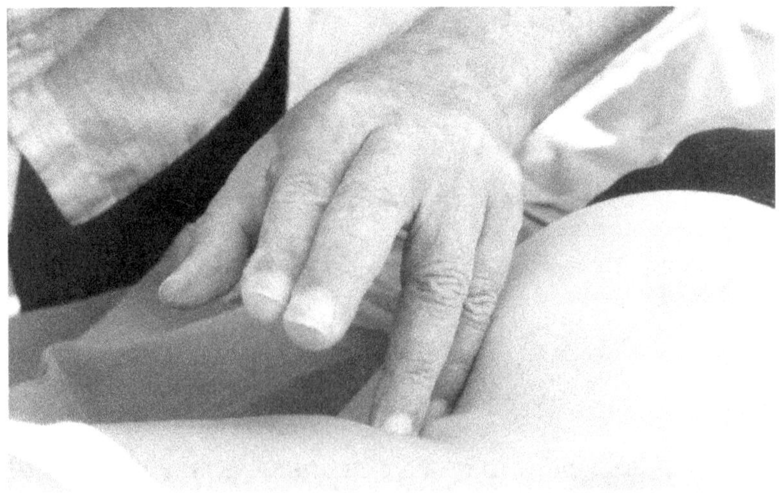

**Fig. I-22:** *Otra vista de la apertura y mudra de la figura anterior.*

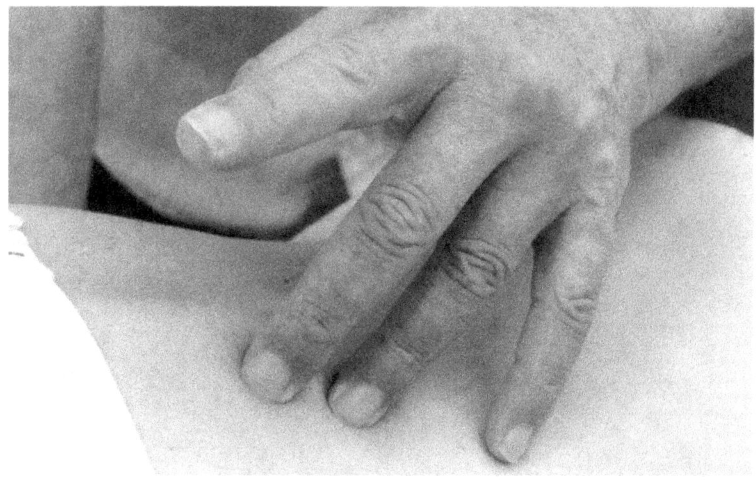

**Fig. I-23:** Apertura vórtice renal izquierdo, con medio y anular izquierdo.

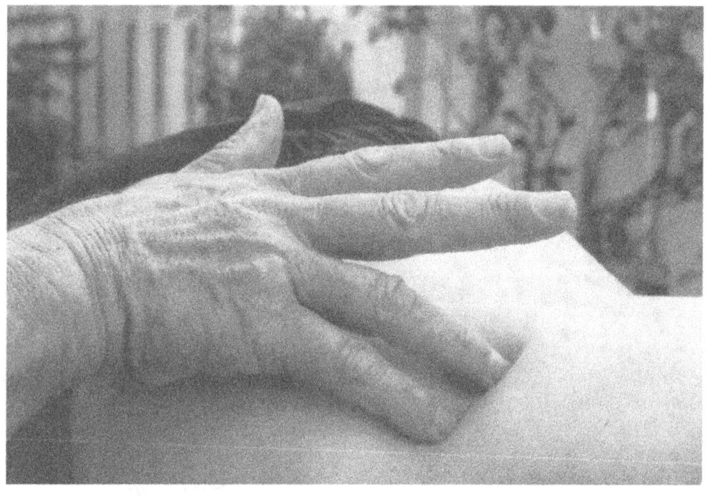

**Fig. I-24:** Carga y estimulación del vórtice suprarrenal, empleando anular y meñique derecho.

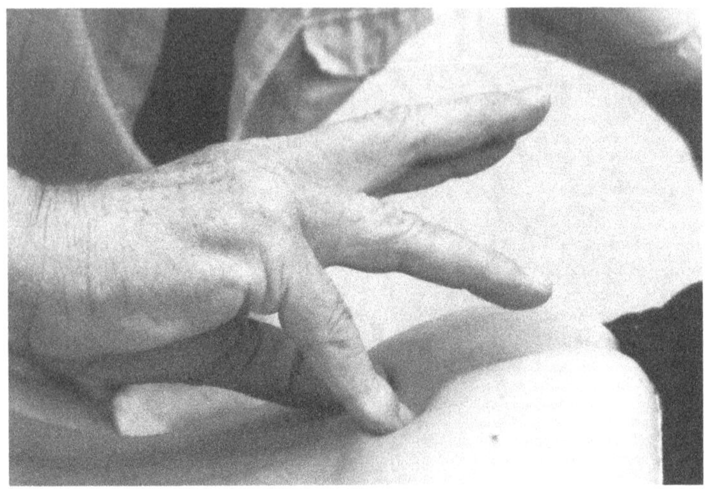

**Fig. I-25:** *Carga y estimulación de la zona sacra de la columna, usando pulgar y meñique derecho.*

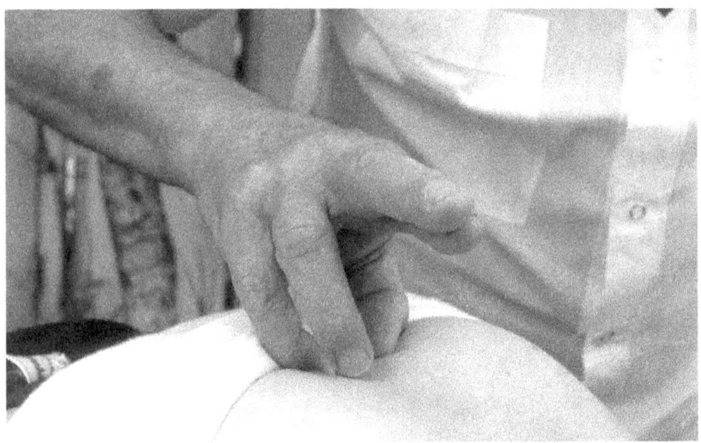

**Fig. I-26:** *Cirugía energética, carga y estimulación por caso de minusfunción en el área de vértebras coccígeas, empleando mudra de pulgar y meñique derecho.*

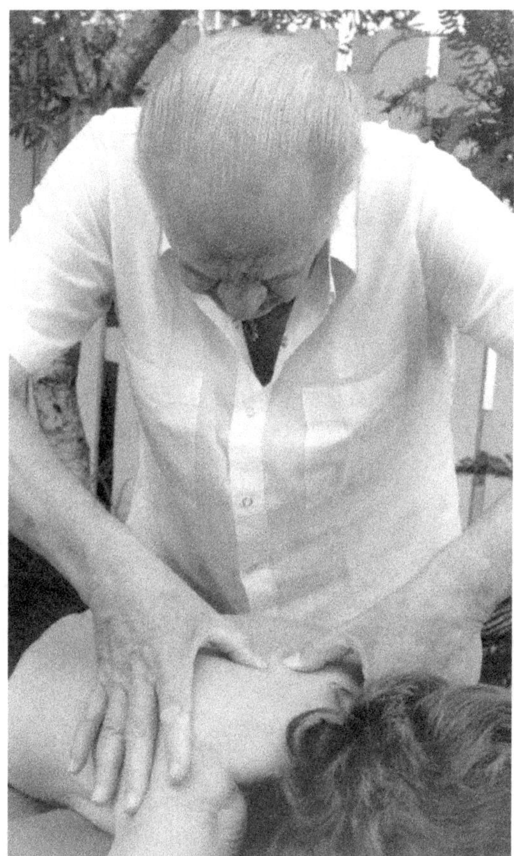

**Fig. I-27:** *Cirugía energética con ambos pulgares, en zona dorsal de la columna.*

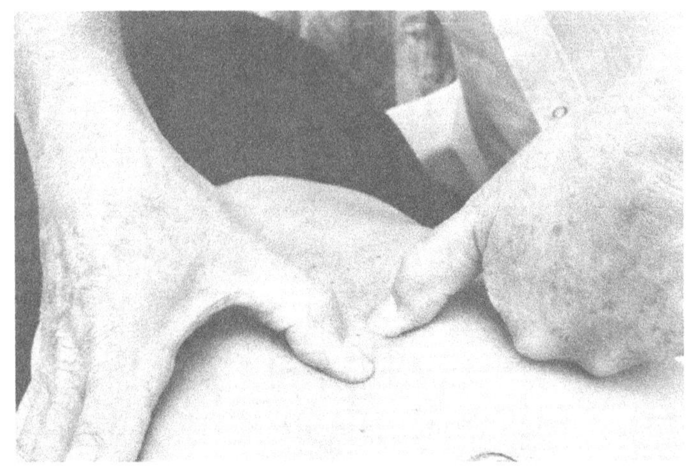

**Fig. I-28**: Ídem figura anterior, en zona lumbar de la columna.

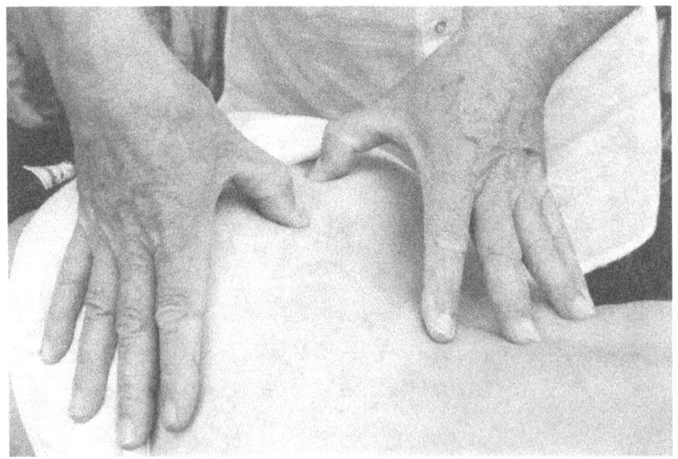

**Fig. I-29**: Ídem, en zona sacra de la columna.

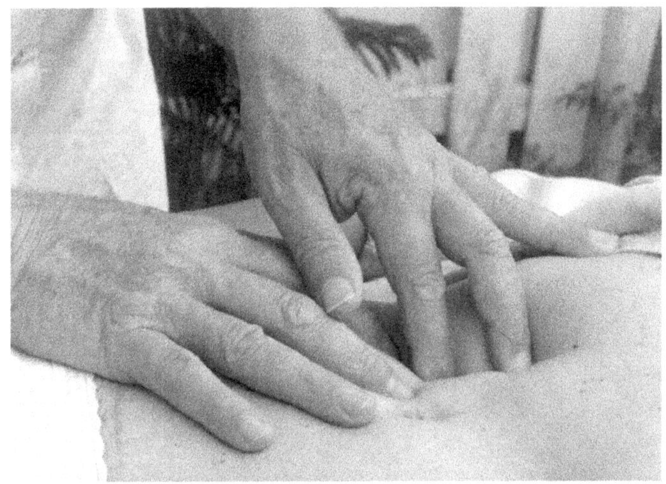

**Fig. I-30:** *Cirugía energética a lo largo de todo el colon, en el orden: ascendente, medio y descendente, hasta terminar en el sigmoideo, empleando mudra de índice y medio de ambas manos.*

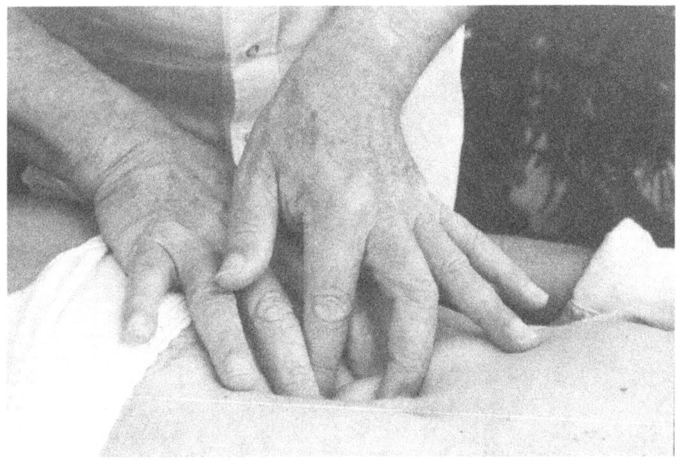

**Fig. I-31:** *Ídem figura anterior. Otro detalle.*

# Cap. II

# BIOMAGNÉTICA

El *healing* como el *self-healing* puede ser llevado a cabo de muchas maneras. A partir del practicado a través de las manos, muchísimos recursos pueden utilizarse y sería imposible precisar los incontables medios cultivados por diferentes culturas desde la remota antigüedad.

En todo el capítulo precedente se ha tratado del *healing* manual. Téngase en cuenta que ya modernamente por cuerpo físico no debe entenderse únicamente el organismo, sino también el cuerpo etérico o campo bioplásmico. La mejor definición que puede darse hoy a este doble es: cuerpo planetario.

Sobre la base anterior, todo *healing* manual (y también *self-healing*) comienza en el campo energético y acaba en el organismo, o sea, en una dirección o sentido ergo-somático. Si se entiende al ser humano en sentido unitario, todo proceso iniciado en un área o esfera repercute, reacciona o influye sobre las otras. (Dicho sea incidentalmente, esto no es otra cosa que el principio de causalidad, plenamente compartido por la BPE.)

Retomando el tema, entonces, todo *healing* realizado, aunque sea únicamente a nivel bioplásmico, se traslada en forma más o menos inmediata a nivel orgánico – aunque es claro que en los seminarios en vivo el *healing* a través de las manos comporta también maniobras de contacto, en muchos casos.

Cuando se trata del *healing* y *self-healing* realizado con la ayuda de biomagnetos, el principio operativo es diferente. El biomagneto (BM) opera fundamentalmente sobre las células donde se halla aplicado, pero al modificar el potencial bioeléctrico, esta bioelectricidad se traduce en correspondientes cambios del potencial bioelectromagnético, o sea, exactamente el potencial bioplásmico y, por lo tanto, de las áreas energéticas y vórtices involucrados.

Este capítulo es de primera importancia en el *healing,* por cuanto nuestro propio planeta es un gigantesco magneto. En efecto, el magnetismo terrestre o campo geomagnético es quizás tan antiguo como nuestro planeta y las referencias históricas sobre las propiedades curativas de la **magnetita**, imán natural que abundaba en Magnesia, se remontan a varios miles de años atrás.

De acuerdo a recientes mediciones y comprobaciones científicas, el campo geomagnético nunca fue constante, sino que cambió y cambia en modo cíclico en cuanto a su intensidad, habiéndose determinado asimismo la inversión de los polos por lo menos 171 veces en los últimos 76 millones de años.

Electricidad y magnetismo serían, entonces, las energías más antiguas del planeta; ambas van siempre juntas, constituyendo una vez más un ternario: electricidad - magnetismo – electromagnetismo.

Abundando un poco más sobre el campo magnético terrestre, actualmente éste es bastante pequeño y continúa decreciendo; su valor oscila entre 0,35 y 0,5 Gauss. Pero se ha logrado conocer que la Tierra ha llegado a valores de inducción magnética de varios centenares de Gauss, lo cual abre también muchos interrogantes respecto a la forma y condiciones de vida en épocas remotas.

En otro aspecto, el valor de la inducción unos 100 años atrás era casi el doble del actual; esto debería ser un muy grande toque de alerta, ya que la estimulación de las células es atribuida al campo geomagnético o **fuerza equivalente que produce igual efecto**.

Como es sabido, nuestro planeta es como un gigantesco imán, con un polo Norte geográfico situado en el centro del Ártico y el otro polo en el centro geográfico del continente antártico. Estos polos han sido denominados Norte y Sud, respectivamente.

A unos pocos grados de desvío de los polos geográficos se hallan los polos magnéticos y estos polos son los que indican las brújulas o compases, que permiten la orientación general y particularmente la navegación de todo tipo (**figura II-1**).

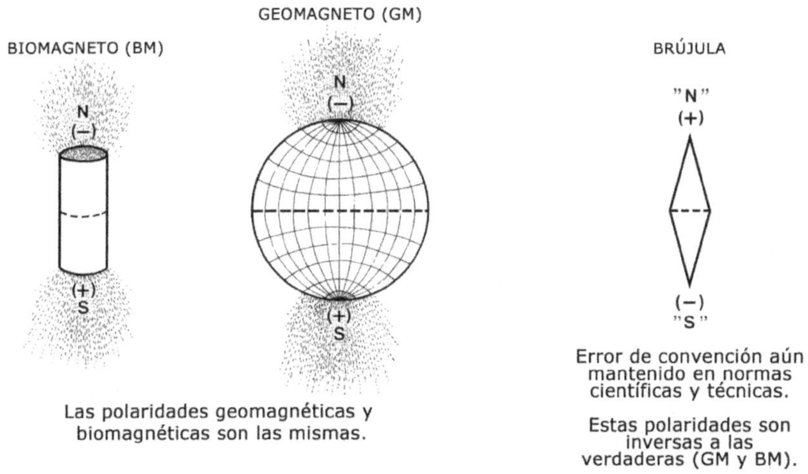


**Fig. II-1**: *Biomagneto, geomagneto y brújula*

El campo geomagnético se extiende y manifiesta en todo lo que se denomina Magnetósfera, que es la zona del espacio hasta donde alcanza el geomagnetismo. Esta zona abarca una altura de varias decenas de miles de kilómetros.

En la cultura occidental el magnetismo, con propósitos terapéuticos, ya era conocido y fue aplicado por lo menos a partir de Hipócrates y luego por muchos otros, incluyendo von Reichenbach, Gilbert, Maxwell, Kilner, Mesmer y Pasteur. Sin duda, las grandes aplicaciones del magnetismo —y por ende del electromagnetismo— se han operado sobre todo a nivel tecnológico, máxime a partir de la Segunda Revolución Industrial, o sea a partir del Siglo XX.

Es importante destacar el descubrimiento hecho por el Dr. Albert Roy Davis (U.S.A.) en 1936 y que debiera considerarse como la revolución biomagnética y el comienzo de la moderna época de esta ciencia. En efecto, el Dr. Davis descubrió las diferentes propiedades de los polos y la opuesta reacción de los tejidos vivientes ante tales estímulos. Por este hallazgo y tantísimos aportes a esta ciencia el Dr. Davis debe ser considerado el padre de la Biomagnética.

Por **Biomagnética** se entiende el estudio de los efectos de los campos magnéticos en los sistemas biológicos; ella es considerada desde hace ya cierto tiempo como una importante rama de la Biología y la Biofísica en varios países europeos. En lo que era la Unión Soviética, esto se ha continuado llamando Magnetobiología, en tanto que en la India unos pocos estudiosos la llaman Magnetoterapia.

Un hecho realmente hasta alarmante es el desconocimiento prácticamente total y la ignorancia de las propiedades biológicas de los polos magnéticos por separado, puesto que esto aparentemente no importa en cuanto a sus efectos en la Física y la Ingeniería, donde resulta indiferente uno u otro polo, bastando simplemente se cumplan las leyes de atracción y repulsión: polos iguales se repelen, y polos opuestos se atraen.

Aún más, el sistema o convención utilizado para dar nombre a los polos de un imán es el que se mantiene como norma, a pesar de que se admita que es el contrario a la realidad.

Para mencionarlo brevemente, la convención oficial dice: si se suspende una barra magnetizada por un hilo en su punto central, el extremo de la barra que indique al Norte o Ártico será el denominado Polo Norte y el extremo opuesto de la barra, que está orientado hacia la Antártida, es el Polo Sud. Pues bien, esta convención se acepta a pesar de ser **inversa** a las leyes físicas, dado que, a los fines prácticos de tipo industrial, aparentemente no importa para nada.

Para mayor precisión, ésta es la norma establecida por la National Bureau of Standards (NBS) en los Estados Unidos de América.

Albert Roy Davis revirtió esta convención designando como polo Norte de la barra magnética suspendida al extremo que posee la misma polaridad que el polo Norte terrestre. O sea, para Davis un magneto es en pequeñísima escala nuestro propio planeta Tierra.

Pero, gracias a la moderna tecnología, se ha llegado actualmente a producir magnetos permanentes muy especiales, compuestos con diversas aleaciones, donde oportunamente se combinan, además de hierro y carbono, otros elementos tales como aluminio, níquel, cobre, samario y neodimio, para llegar a tenerse lo que realmente son los denominados **biomagnetos**.

La diferencia entre magnetos y biomagnetos es enorme: sería como pretender comparar un simple cuchillo de mesa con un bisturí, para dar una idea.

En los magnetos comunes no interesa para nada y ni se tienen en cuenta los efectos biológicos. Los magnetos industriales presentan una duración limitada, con grandes alteraciones en cuanto a inversión de partículas, aparte de sus impurezas; de allí que, utilizados sin conocimiento, con el tiempo se mezclen y neutralicen ambos polos en cierta medida en una misma cara, pudiendo tenerse hasta polaridades de tendencia opuesta a la original.

Los biomagnetos (BM), en cambio, presentan una larguísima vida útil, que garantiza y compensa su mayor costo (**figura II-2**).

## BIOMAGNETOS
Inversión de partículas: 1% en 10-20 años aprox.

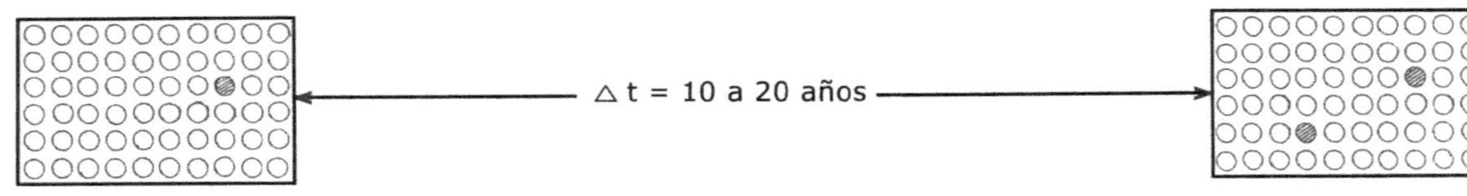


## MAGNETOS COMUNES
Inversión de partículas: 5-10% en cada 6-12 meses.

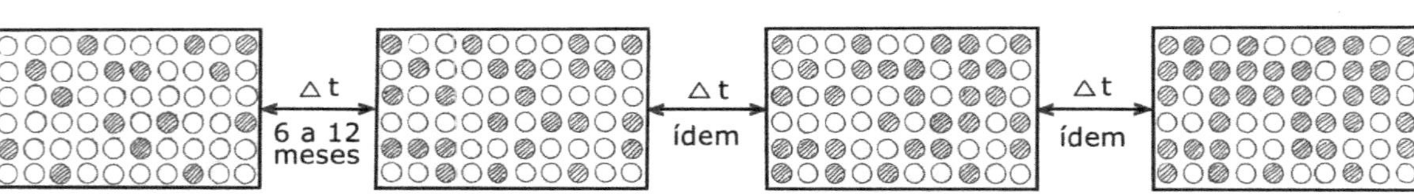


**Fig. II-2:** *Biomagnetos y magnetos comunes*

En todo cuanto constituya el tema del *healing* y tratándose en particular de Biomagnética, el autor desaconseja totalmente el uso de magnetos comunes, por ser peligrosos en varios sentí-dos, y emplea únicamente biomagnetos desarrollados en laboratorio. Es oportuno destacar aquí algunas características halladas en mag-netos comunes y en aun pretendidas imitaciones de BM:

- Los polos pueden no estar adecuadamente identificados, siendo éste el error más común. Se advierte en modo general que el mal uso de las energías del polo Sud es peligroso, sobre todo por no existir al presente adecua-das regulaciones gubernamentales en la materia.

- La energía decrece rápidamente. Los Gauss necesitan ser constantemente medidos y verificados.

- Los Gauss pueden no ser adecuadamente descriptos. Algu-nos fabricantes japoneses y alemanes, como así también americanos, parecen ser confusos en este aspecto.

- Los polos Norte y Sud pueden revertirse debido a im-propias combinaciones de materiales, lo que se puede apreciar gráficamente en la **figura II-2**.

- Los polos N y S pueden reaparecer en una misma cara.

Para tratar de salvar en lo posible el mar de confusiones que reina en esta materia, el autor codifica cada polo con indicación expresa, así:

| Sud biomagnético | | | | |
|---|---|---|---|---|
| S BM | polo + | rojo | dextrógiro | horario |

| Norte biomagnético | | | | |
|---|---|---|---|---|
| N BM | polo – | azul | levógiro | antihorario |

Esta aclaración adhiere plenamente a lo sostenido por el Dr. Davis.

El material biomagnético, en sus diferentes modalidades de fabricación, se halla aún en gran parte en desarrollo, teniéndose biomagnetos que van desde unos pocos centenares hasta varios miles de Gauss, como valor de inducción. Al presente, prácticamente se trata más de laboratorios donde la mayor tarea es al nivel de investigación. Hay, por cuanto se conoce, unos pocos centros o laboratorios semi-industriales, situados en una planta recientemente construida en las islas Marianas (Micronesia), otros dos respectivamente en Liwate y Lindi (ambas en Tanzania) y una en Manaus / Brasil; esta última es TAIBoA, conectada con el autor.

## MODERNOS CONCEPTOS SOBRE EL CAMPO GEOMAGNÉTICO

En el antiguo concepto (que aún se enseña en universidades), el campo geomagnético rodea la Tierra, circulando de la dirección Sud hacia el Norte, y muchos libros de texto hasta indican el contrario, o sea, desde el Norte hacia el Sur.

En el orden moderno, en realidad existe un tercer polo llamado Neutro, que está constituido por el Ecuador; la energía geomagnética se introduce en esta zona ecuatorial, cerrando circuito en el polo opuesto y luego continuando por el interior (**figura II-3**).

En un imán se puede verificar fácilmente un punto de magnetismo, virtualmente de valor cero, en correspondencia con la zona central del imán, conocido como **Pared de Bloch**. Éste es el **polo Neutro** y hacia ambos extremos aumenta la intensidad de cada polo hasta un máximo en los extremos. Cuanto más regular y definida sea la Pared de Bloch, mayor será la calidad del biomagneto (**figura II-4**).

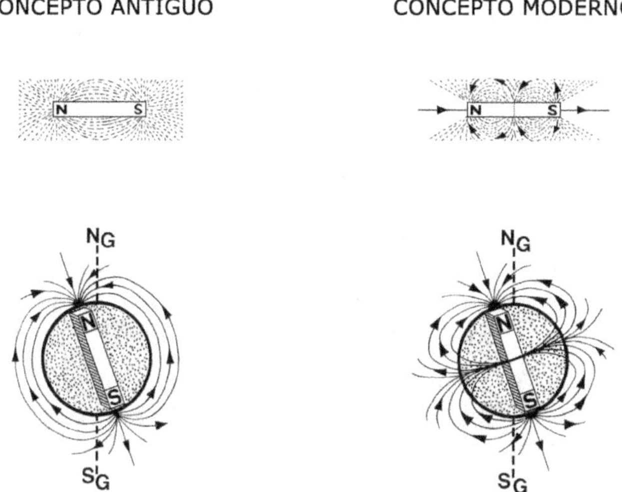


**Fig. II-3:** *Magnetismo*

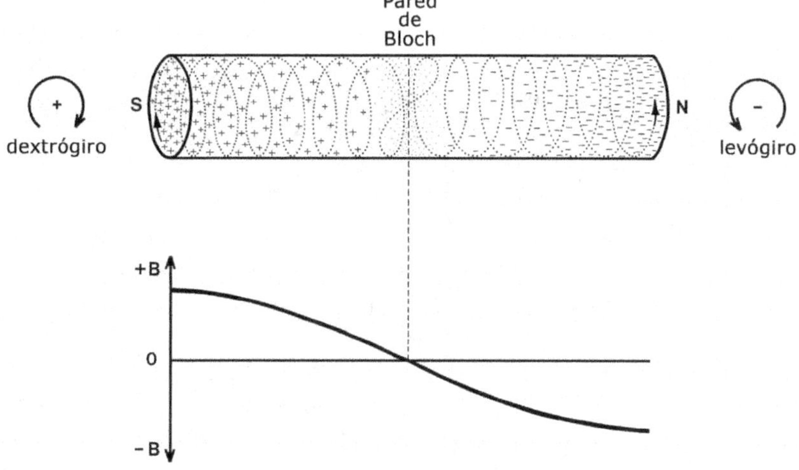


**Fig. II-4:** *Barra biomagnética*

En adelante y para siempre, un biomagneto (BM) es la representación en miniatura del planeta y sus polos son también coincidentes: la cara o extremo que apunta hacia el polo Norte o Ártico es el polo Norte y el otro extremo, el que apunta hacia el Antártico, es el polo Sud.

En Biomagnética se acostumbra también a llamar al polo Norte polo negativo (-) y al Sud polo positivo (+). Se reitera una vez más esta información en razón de que algunos autores europeos se remiten a emplear los términos (+) y (-) sin indicar otra cosa, lo cual abre también dudas acerca de si los mismos consideran los polos con criterio biomagnético o bien industrial.

Una observación de tipo preventivo es que algunos fabricantes de magnetos no consideran otra cosa que sus miras comerciales y concuerdan o casi concuerdan con cualquier cosa o criterio.


## BIOMAGNETOS - NOCIONES BÁSICAS DE EMPLEO

En cuanto a las energías, el movimiento de las partículas no es rectilíneo sino en forma vorticial, conforme ampliamente lo sustenta la BPE. Esto significa que las energías del polo Norte tienen sentido levógiro o antihorario, en tanto que las del polo Sud, dextrógiro u horario (**figura II-4**). Con el mismo criterio empleado en los volúmenes de BPE y anteriormente en este mismo tratado, el sentido levógiro o antihorario se relaciona con la descarga, en tanto que el dextrógiro u horario con la carga.

Aparte de ser un auténtico recurso terapéutico utilizable en cualquier situación adecuada, el empleo de BM resulta muy oportuno, sobre todo cuando el *healer* u operador no se halla en pleno estado como para actuar la armonización por vía manual. Por la simple aplicación de BM en manera oportuna, las líneas de fuerza del campo magnético atravesarán la piel y se internarán dentro del organismo del paciente hasta una cierta profundidad o aun atravesándolo totalmente, dependiendo de su masa magnética e inducción.

Todo biomagneto, a nivel de acción celular, modifica la actividad de la zona sobre la cual está colocado y lo hará durante todo el tiempo que actúe. El campo magnético influye sobre el potencial de la célula, estimulando, como consecuencia, un movimiento que es asimismo una gimnasia al nivel celular, siempre en modo helicoidal o vorticial, con el sentido de giro que posea el polo actuante **contra** la piel del paciente.

Aunque el lector se habrá ya dado cuenta, se insiste todavía en que no es aquí el caso de atenerse a las polaridades conforme al sexo, ya que el BM, al ser aplicado, posee de por sí su polaridad y sentido de giro en cada una de sus caras. Entonces, los BM se aplican como resulte manualmente más cómodo al operador, no importando la mano que utilice, sino la cara del biomagneto que actúe apoyada sobre la piel del paciente. Para abundar aún más, el BM es portador de su propio "producto medicinal", por así decir, mientras que el operador simplemente se remite a colocarlo en el punto correspondiente.

La vida útil de los BM, si son bien conservados, es extremadamente larga y sobrepasa holgadamente la del usuario en casi todos los tipos. Se pueden reutilizar sobre la misma u otras personas en manera ilimitada, no son contaminables y se pueden higienizar con un simple trapo húmedo.

Cuando se trata de aplicarlos sobre quemaduras o heridas, se los puede envolver en una gasa, venda o bolsita y fijarlos a la piel con una tela adhesiva, preferiblemente hipoalérgica. El tiempo, duración y rutina se detallan en cada caso. Se ilustra una cincuentena de casos en el capítulo siguiente.

Las precauciones con los BM son pocas: los rígidos son frágiles y deben ser tratados con cuidado, no así los plásticos o flexibles. La temperatura continua que pueden soportar no debe ser mayor que los 100 grados C para los discos y 350 grados C en el caso de barras y planchas rígidas. En todos los casos, estas temperaturas límite nunca se tienen en la práctica, dado que siempre los BM toman la temperatura del cuerpo.

Algo **importante** a tener en cuenta es que cualquier BM puede perjudicar las bandas magnéticas de ciertos documentos y tarjetas de crédito, hoy en día de uso común, como así alterar el funcionamiento de ciertos relojes. Biomagnetos muy potentes pueden afectar el funcionamiento de televisores, equipos de audio, computadoras, etc.; entonces, mantener los BM a distancia mínima de 40 - 50 centímetros.

Los BM se mantienen mucho mejor cuando son guardados todos juntos en una bolsa de cualquier tipo.

Convencionalmente se emplearán en este tratado los colores, descubiertos por Reichenbach en el Siglo XIX, que emiten los polos de un biomagneto:

- **Rojo** para el **Sud**
- **Azul** para el **Norte**

Un resumen de correspondencias entonces es:

| Polo Sud | | | | |
|---|---|---|---|---|
| rojo | posit. | dextróg. (horario) | carga | estimulación |

| Polo Norte | | | | |
|---|---|---|---|---|
| azul | negat. | levóg. (antihorario) | descarga | sedación |

Si se relaciona la Biomagnética con el *healing* manual, surge de inmediato que los movimientos antihorarios son de descarga o catarsis, en tanto que los de sentido horario son de carga o estimulación.

Los grados de inducción de los BM son los que se detallan en la siguiente tabla tentativa, elaborada por el autor:

| Inducción | BM |
|---|---|
| Baja | inferiores a 100 Gauss |
| Media | entre 100 y 600 Gauss |
| Alta | entre 600 y 1.500 Gauss |
| Muy alta | entre 1.500 y 3.000 Gauss |
| Ultra alta | entre 3.000 y 5.000 Gauss |
| Súper alta | entre 5.000 y 7.000 Gauss |
| Extremadamente alta | con más de 7.000 Gauss |

A los fines corrientes, raramente se sobrepasa un valor de 8.000 Gauss.

La masa magnética también es importante; por ejemplo una plancha de 4.000 Gauss, de una superficie de unos 100 cm², atraviesa con su magnetismo el cuerpo de un lado a otro, mientras que un neodimio de 7.000 Gauss penetra en forma aguda, pero no traspasa.

Densidad mínima: aun los BM de más baja inducción son muchas veces más intensos que el campo geomagnético, si bien se reduce primariamente al área donde están aplicados. El efecto terapéutico se va transmitiendo por inducciones secundarias sucesivas y se extiende aun a zonas muy distantes.

En Biomagnética, la inducción disminuye en la práctica mucho con la distancia. Por ejemplo, un BM de 1.000 Gauss sobre la piel, apartado a 1 cm de la misma, induce menos de la quinta parte; a 2 cm, menos de una décima parte del valor original, etc. Por consiguiente, en el uso corriente el empleo de BM inferiores a 50 Gauss no ofrece efectos marcados.

Si se apilan o superponen varios BM, se tiene un refuerzo de la inducción, pero no una suma aritmética. En lo posible, es siempre mejor emplear una sola pieza antes que varias apiladas.

**Concepto de Gauss**: Gauss es el nombre propio del científico alemán homónimo, en homenaje al cual se le ha dado su nombre a la unidad de inducción magnética. Si se toma como unidad de medida una superficie cuadrada de 1 cm de lado, y por la misma pasara una línea de fuerza magnética hipotéticamente, como si se tratase de un cabello, se dirá que existe una inducción de 1 Gauss. En términos de Física, se trata de una línea de fuerza magnética por cada cm². Si, en el ejemplo, atraviesan ahora 100 de ellas, se dirá que la inducción será de 100 líneas por cm², o sea 100 Gauss; si atravesaran 3.000 líneas en esa misma área, se diría que la inducción es de 3.000 Gauss. Científicamente, y para los interesados en mayores estudios, en modo genérico la inducción magnética como magnitud se representa con la letra B.

La tabla precedente da una idea de algunos valores que se fabrican y utilizan en Biomagnética. Haciendo una breve referencia comparativa entre dichos valores de inducción que se utilizan en Biomagnética y el muy bajo valor del campo geomagnético, que actualmente es de 1 línea de fuerza por cada 3 cm² aproximadamente, resalta la tremenda importancia que tiene la Biomagnética y su aplicación concienzuda en nuestros días para mantener la mejor **calidad de vida** posible.

Para finalizar este apartado, el (o la) terapeuta podrá efectuar el *healing* de tres maneras: o bien sólo manual, o sino con BM, o aun una combinación de ambos.


## FLUJO MAGNÉTICO

El flujo magnético es la cantidad **total** de líneas de fuerza magnéticas que posee un BM dado, que es el caso que aquí interesa.

La magnitud genérica es el flujo y la unidad práctica es el Maxwell (Mx)[2], en homenaje al científico inglés homónimo.

El flujo magnético es el producto de la inducción por la superficie de la pieza polar, BM, etc. Ejemplo: en un BM, cuya inducción es de 100 Gauss y su sección es de 8 cm², el flujo será de 100 x 8 = 800 Mx; otro ejemplo: en un neodimio, cuya inducción es de 7.000 Gauss y su sección es 0,7 cm², el flujo será de 7.000 x 0,7 = 4.900 Mx.

En Biomagnética el flujo magnético interesa sobre todo como concepto.

Conviene acotar que en los BM verdaderos, o sea, los unipolares, ambas caras poseen aproximadamente iguales valores de inducción y flujo magnéticos.

Otra unidad, para mera información, es el Tesla; 1 Tesla = 10.000 Gauss.

## MATERIAL BIOMAGNÉTICO

Se referirá siempre a aquellas elaboraciones concebidas y desarrolladas para su utilización a nivel humano. Los tipos más comunes son:

a) **Discos** con diámetros diversos hasta unos 50 mm; el espesor conviene sea el mayor posible, para mejorar la Pared de Bloch. Estos discos caen dentro de la escala de mediana inducción o aun en la región inferior de la zona de alta inducción, con valores del orden de los 400 a 700 Gauss. Estos BM son ampliamente utilizados en la terapia biomagnética y pueden ser rígidos o flexibles (plásticos).

---

[2] Unidad de medida adoptada en el sistema C.G.S. electromagnético (ya en desuso), que es 10.000 veces más pequeña que el Tesla, la unidad de medida adoptada modernamente por el Sistema Internacional.

b) Un tipo particular de **discos** son los utilizados **para hacer tapetes** biomagnéticos. La inducción aconsejada es de 800 Gauss aproximadamente. Por su altísimo grado de utilización, les será dedicado un comentario más extenso y pormenorizado en un capítulo posterior.

c) ***Bombée***: son BM que poseen un ángulo más afinado o estrecho (tipo "aguja"), con una inducción del orden de los 850 Gauss.

d) BM tipo **dominó**: de tamaño similar a estas fichas de juego y con un espesor del orden de los 10 mm. Poseen una inducción de 1.000 Gauss o más. El autor emplea los de 4.000 Gauss.

e) **Planchas rígidas**: el espesor es del orden de 10 a 12 mm y son o bien cuadradas de 7 cm de lado, o rectangulares de 7 x 14 cm. La inducción es de 4.000 a 7.000 Gauss.

f) **Planchas flexibles**: permiten construir tiras o variadas formas y los valores oscilan entre 600 y 1.500 Gauss. Los espesores van de 1,5 hasta 7 mm y la mayoría de ellos se puede cortar con tijeras. Las planchas pueden ser de cualquier superficie, pero las medidas más comunes son de 10 x 25 cm.

g) **Discos flexibles especiales**: del tipo redondo, con un diámetro variable. Uno de ellos, de 75 a 76 mm de diámetro y 5 mm de espesor, es muy recomendable para preparar agua magnetizada. Generalmente se fabrican con un nivel o grado de muy alta inducción, del orden de los 1.800 a 2.000 Gauss, que permite producir en un lapso de unas 4 horas un vaso de 250 a 300 ml de agua magnetizada, con la polaridad deseada.

h) **Neodimio**: son piezas en forma de pequeños discos redondos, de unos 10 a 12 mm de diámetro y una altura de 5 a 6 mm. La inducción es cercana a los 8.000 Gauss.

En la **figura II-5** se pueden apreciar algunos ejemplos de BM. Como fin del comentario, se hace la salvedad de que, como representación didáctica, la Pared de Bloch ha sido muy exagerada en los dibujos; a escala real dicha pared ocupa sólo unas décimas de milímetro, si es el material biomagnético de primera calidad.

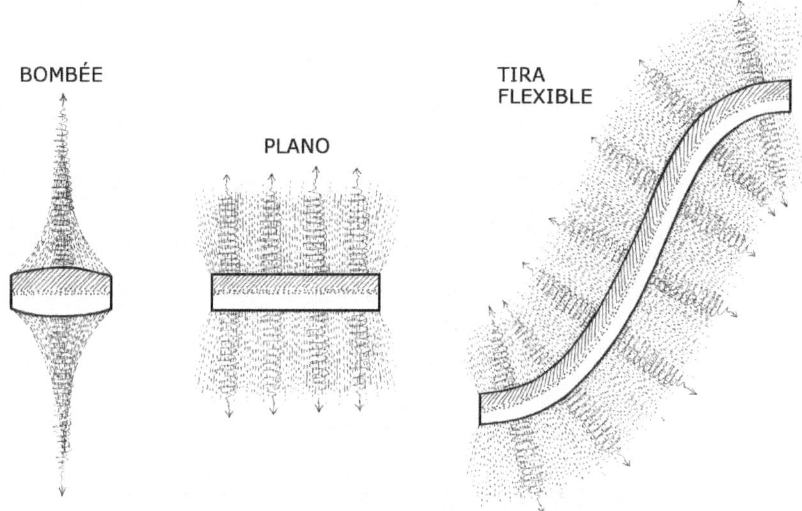


Nota: Los BM son siempre unipolares, o sea, una única polaridad en cada cara.

**Fig. II-5:** *Ejemplos de BM*

## EMPLEO DE LOS DIFERENTES TIPOS DE BM

Haciendo referencia a los BM descritos en el apartado anterior, tenemos:

a) Los **discos** son para tratamientos que comportan varios días, semanas o meses. Por ser livianos y de poco espesor, el usuario puede llevarlos cómodamente bajo la ropa. Por existir variados tamaños, es posible emplear el diámetro más adecuado a la zona o área que interese. También se pueden aplicar en la cantidad que sea necesaria. **En los tratamientos prolongados, la regla a seguir será casi siempre la de permitir un día completo de reposo dentro de la rutina semanal**, para permitir la reacción natural del organismo.

b) Los **discos especiales** son adecuados para elaborar **tapetes magnéticos**, que se pueden utilizar en modo esporádico o habitual durante las horas de descanso.

c) El tipo de disco ***bombée*** presenta un haz agudo y es oportuno cuando se quiere actuar en puntos más específicos. La rutina es similar a lo dicho en a).

d) El tipo **dominó** se emplea por períodos de pocos minutos hasta 1 o 2 horas por día, en cada punto. Sirve para puntos o zonas pequeñas y, si no se dispone de cantidad, precisa ser colocado sucesivamente hasta cubrir toda la necesidad.

e) Las **planchas rígidas** también son de aplicación temporaria, dependiendo el tamaño de la zona o superficie a cubrir. Tanto estas planchas, como las de tipo dominó, son muy adecuadas para preparar agua magnetizada.

f) **Planchas flexibles**: este material resulta muy versátil por poderse cortar con tijeras la más de las veces y adaptar según la necesidad. Las de menor densidad pueden aplicarse por varios días y aun rutinas semanales (en esta última variante, 6 días continuados de aplicación y 1 de reposo).

g) Los **neodimios** y los **samarios** se emplean mayormente por espacio de algunos minutos u horas, una o más veces por día, para tratar puntos específicos.

Por último conviene mencionar que hay BM con diferentes aleaciones dentro de los materiales ya mencionados, con y sin hierro.

## MODO DE EMPLEO DE LOS BM

Ya se ha dicho sobre la versatilidad de aplicación, sobre todo de los discos, en cualquier zona del cuerpo, como así su envoltura en bolsitas en caso de alergias, quemaduras, etc., y la sugerencia del empleo de cintas adhesivas hipoalérgicas.

Se añade que, además de la higiene con una simple gasa, el contacto con el agua por pocos minutos tampoco daña a los BM. Entonces, cuando el usuario toma una ducha, si lo prefiere puede mantenerlos fijados y recolocarlos en caso de que alguno se desprenda.

Los BM del tipo dominó también se pueden fijar con una cinta adhesiva en razón de su pequeño tamaño.

Las planchas rígidas se aplicarán adoptando la posición más cómoda (sentado, apoyando pies, manos, etc.).

**Importante**: Cuando fuere menester, los BM pueden retirarse, en los casos de rutina larga, por algunas horas y volver a colocarlos de la misma manera.

## POTENCIAL CELULAR

El potencial medio normal de una célula[3] es de 90 mili-Volt (mV). Esto significa una célula sana y, como es sabido, casi todas ellas se renuevan a lo largo de toda la vida.

El potencial normal de la célula puede disminuir; por debajo de los 70 mV ya se considera enferma. Cuando el potencial celular es inferior a los 26 mV, la célula muere (**figuras II-6 y II-7**).

Si se considera que el potencial básico del sistema nervioso es tan sólo de 100 mV, es muy importante que el potencial celular se mantenga en todo lo posible, como así también que no exce-

---

[3] Trátase de células musculares.

da ciertos límites máximos, por cuanto resultaría igualmente peligroso.

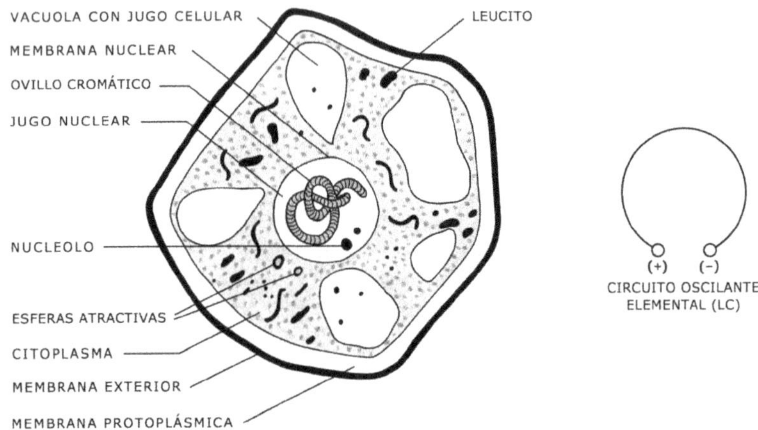


**Fig. II-6:** *Bioelectricidad de la célula*

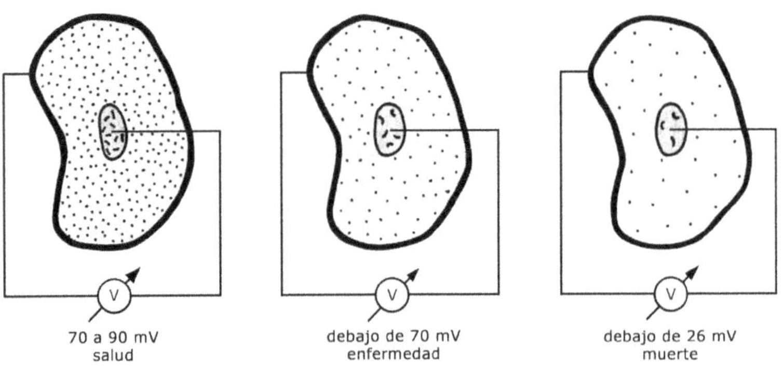


Potencial básico del sistema nervioso ≅ 100 mV (0,1 V).

**Fig. II-7:** *Voltaje celular*

En efecto, si el potencial de la célula **excede** los 150 mV, se puede desorbitar y romper la estabilidad de la célula, iniciándose un proceso degenerativo, que es la raíz de tantos tumores y procesos cancerígenos.

Desde ya se llama la atención sobre el uso de todo lo indicado hasta ahora, por cuanto los polos producen efectos opuestos, pudiendo ser altamente nocivo el empleo irresponsable de la energía biomagnética y aun del magnetismo en general. Esto será claramente ilustrado en los ejemplos que han de seguir, dejándose expresa constancia de que todo el tratado presupone carácter didáctico y en ningún caso está promoviendo una terapia.

## *HEALING* Y PROPIEDADES DE LOS POLOS MAGNÉTICOS

Siempre considerando el ser humano en sentido unitario, existe una fuerza fundamental como agente del *healing*: la energía electromagnética.

Ya se ha mencionado e indicado cuál es la correcta denominación de los polos de un imán y cómo los mismos, entonces, son los de nuestro planeta. Se hará todavía una referencia más para ayudar en este sentido. Las brújulas comunes indican el falso Norte, o sea el convencional, utilizado universalmente a escala industrial y tecnológica y aun —desgraciadamente— por muchos profesionales médicos y autores de libros, más empeñados en promover imagen personal que en revisar los conceptos básicos (**figura II-1**).

Otro sector, también muy importante, es el de aquellos que utilizan el magnetismo empleando conjuntamente los dos polos para lo que ellos denominan investigaciones y aplicaciones científicas. En este sentido, Japón marcha a la cabeza, dando el ejemplo de impropias mezclas filosófico-científicas, que no llegan a ser claras ni tampoco precisas. Las investigaciones de tales científicos e investigadores se hallan tan divididas entre tan variados aspectos de la ciencia, como para hacer difícil entender en qué dirección están ellos incursionando fuera de los desarrollos comerciales.

Los productos japoneses y todo cuanto se produce bajo esa influencia, en cuanto se refiere a magnetología, consiste en aparatos, dispositivos, camillas y naturalmente magnetos casi siempre multipolares, vale decir, un imán mitad Norte y mitad Sud (bipolar), o mitad *Yin* y mitad *Yang*, recurso que da para todo, ya que hasta puede servir para justificar cualquier error de convención sobre el nombre y polo correcto (da lo mismo uno que otro, ya que se aplican los dos simultáneamente).

En Biomagnética se emplea siempre uno u otro polo del imán, nunca ambos a la vez (**figura II-8**). Además, trátase de reales BM y no de pseudo-biomagnetos.

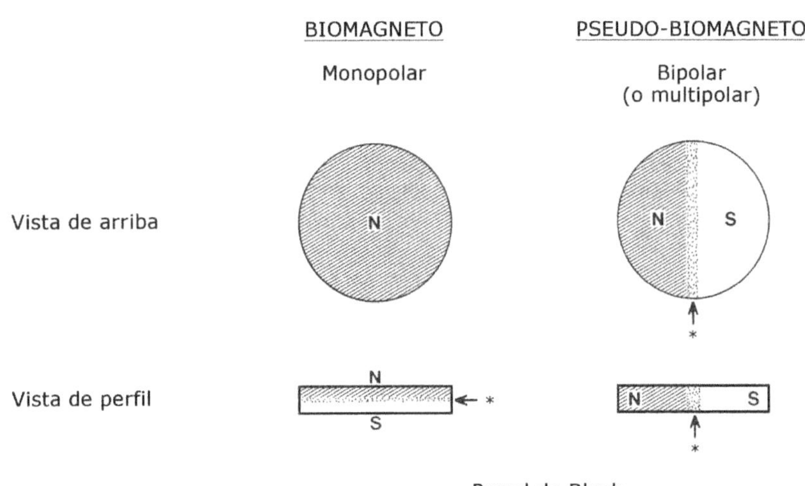


**Fig. II-8:** *Biomagneto y pseudo-biomagneto*

Los polos Norte y Sud presentan distintos y opuestos efectos por separado, como respuesta biológica, metabólica y fisiológica. En términos de respuesta biológica, los polos Norte y Sud —o sea las energías negativa y positiva como polaridades— son tan opuestos como el día y la noche, calor y frío, ácido y alcalino, etc., etc.

Aquí va un resumen de algunos efectos de las energías magnéticas sobre sistemas metabólicos vivientes:

**Polo Norte** (energía negativa):

- Extrae fluidos y gases.
- Reduce la retención de fluidos.
- Favorece sueño profundo y reparador.
- Combate la infección en general.
- Ayuda a las terapias biológicas.
- Reduce la inflamación.
- Normaliza el balance ácido-base.
- Reduce y elimina el dolor.
- Reduce y elimina síntomas.
- Promueve mayor agudeza mental y calma.
- Promueve una actitud feliz y positiva.
- Reduce y disuelve depósitos de grasas.
- Etc.

**Polo Sud** (energía positiva) – presenta las características opuestas en muchos sentidos; ejemplos:

- Incrementa edemas intracelulares.
- Acelera el crecimiento de micro-organismos.
- Dificulta el descanso profundo.
- Dificulta la curación biológica.
- Puede incrementar inflamaciones.
- Promueve metabolismo ácido.
- Aumenta el dolor.
- Puede intensificar síntomas.
- Promueve sobre-actividad mental y descontrol.
- Promueve estados afectivos depresivos.

- Favorece acumulación de grasas.
- Etc.

El campo magnético negativo equivale con el polo Norte terrestre, la ionización negativa y el polo eléctrico negativo, en tanto que el campo magnético positivo coincide con el polo Sud terrestre, la ionización positiva y el polo eléctrico positivo.

En un sentido general, el polo Norte de un BM (energía negativa) normaliza y calma, mientras la aplicación del polo Sud (energía positiva) tiende a desordenar y sobre-estimular el sistema biológico.

Microorganismos y parásitos (incluyendo aquellos de la flora humana) sobrecrecen con la aplicación de energía magnética positiva, en tanto que los mismos son inhibidos cuando son expuestos al polo magnético negativo.

## IONIZACIÓN DEL AIRE Y ENERGÍA MAGNÉTICA

Existen amplias similitudes en cuanto a los efectos de los polos individuales de un BM y la ionización del aire. También aquí los resultados son prácticamente opuestos, como se ve con los siguientes ejemplos:

- La ionización negativa, al igual que la acción del polo magnético negativo, mejora la performance y capacidad de trabajo.
- Produce una mayor placidez.
- El tiempo de reacción disminuye.
- El equilibrio general se mejora.
- Se intensifica el metabolismo, como así la acción de cualquier tipo de *healing.*
- El dolor y los disturbios alérgicos disminuyen.

- Etc.

Tratándose de la ionización positiva y la polaridad magnética positiva de un imán, todos los factores enunciados en el párrafo anterior tienden a lo contrario; por ejemplo:

- El equilibrio se hace errático.
- El metabolismo se irrita al igual que la acción del *healing* en lo general.
- El dolor aumenta.
- Etc.

## POLARIDADES EMPLEADAS EN EL *HEALING* BIOMAGNÉTICO

De todo lo visto hasta aquí en cuanto a los efectos metabólicos y psicológicos, se tiene claramente que la aplicación como *healing* o *self-healing* del polo Norte biomagnético (BM) o energía negativa prácticamente nunca presenta problemas, sino todo lo contrario. Esto es similar a la acción de la mano de descarga (mano -) en el *healing* y *self-healing* practicados por vía manual; una catarsis siempre ayuda y aun resuelve muchos problemas.

Por consiguiente, el uso del polo Sud (+) no se sugiere que sea practicado sino en casos muy excepcionales y bajo el control de un biofísico especializado, un biomagnetólogo o médico acreditado.

En las páginas que siguen, se ilustra una cantidad de ejemplos con la aplicación de BM, repitiéndose que siempre tienen un carácter didáctico y no pretenden inducir ningún tratamiento médico.

A continuación se detallan referencias respecto de la aplicación de BM, conforme a la siguiente **figura II-9**:

- Ángulo superior izquierdo: BM tipo disco, superficie en blanco. Indica un BM con su cara opuesta aplicada sobre la piel, según lo ve un operador. La cara activa es la Norte, o sea la que queda oculta.

- Ángulo inferior izquierdo: ídem con la superficie rayada. Indica un BM también con su cara opuesta aplicada sobre la piel; el operador, en cambio, ve la opuesta. La cara operativa es siempre la que queda oculta y en este caso es la Sud.

- Ángulo superior derecho: vista de perfil de un BM con su cara Norte (polo -) aplicada y actuando sobre la piel y, por ende, sobre el cuerpo del sujeto del caso. También se ilustra con una flecha el sentido levógiro de las energías.

- Ángulo inferior derecho: ídem, pero con la cara Sud (polo +) actuando sobre el sujeto. También se señala el sentido dextrógiro de la energía, o sea, todo lo inverso del polo anterior.

En la realidad, los BM siempre están identificados con los colores ya mencionados y no existe ninguna posibilidad de confusión.

Tratándose de cualquier otro tipo de BM, tener en cuenta las mismas referencias ilustrativas.

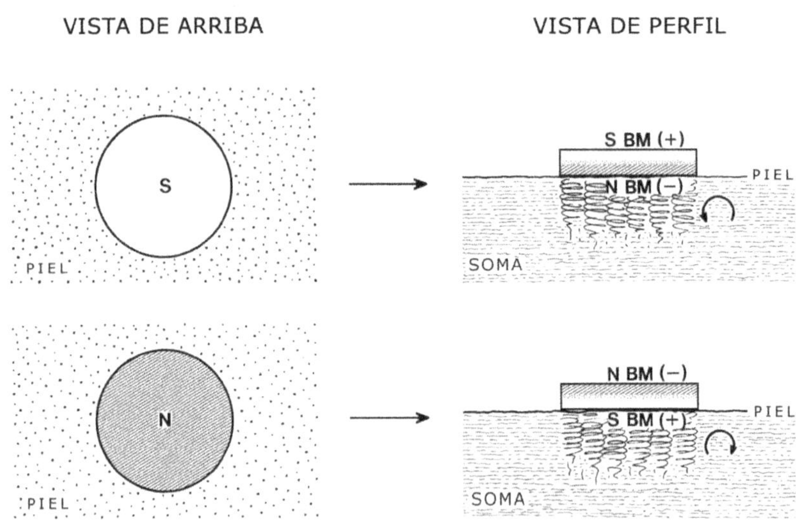


***Fig. II-9:*** *Referencias*

# Cap. III

# APLICACIÓN PRÁCTICA DE ENERGIA BIOMAGNÉTICA

Los ejemplos que siguen presentan una cierta paleta didáctica y el material empleado será uno o más entre los BM ya descriptos; se entienden casi siempre para un tiempo de aplicación relativamente largo, generalmente semanas o más aún. La rutina en los casos de más de una semana será el uso continuado, permanente, **durante 6 días consecutivos y 1 día completo (24 horas) de reposo**, vale decir, el retiro de los BM; esto vale mayormente para los BM tipo disco y *bombée*.

Cuando se apliquen BM, téngase siempre presente que el polo activo es el que va apoyado **contra** la piel.

La aplicación de BM con polaridad negativa (Norte) nunca presentará problemas y mucho menos con el empleo de las densidades magnéticas mencionadas en el capítulo anterior. Cuando se emplee (si fuere el caso) **muy raramente** un BM para aplicar energía positiva (Sud), convendrá que el usuario sea asistido con consejo médico o, mejor aún, por un biofísico.

Se recuerda que la identificación de los BM será siempre:

- **Azul para identificar el polo Norte (negativo)**
- **Rojo para el Sud (positivo)**.

La pared de Bloch sólo puede apreciarse con el empleo de una película de Magna-View, que consiste en un film que contiene millares de partículas de hierro en suspensión y que permite visualizar dicha pared. El estudioso podrá tratar de obtener una muestra de este material, que sirve por tiempo indefinido. En caso de no obtener un trozo de este film, por no ser de uso común, el interesado que lo desee puede solicitar una oportuna demostración en cualquier oportunidad y lugar donde el autor desarrolle un seminario sobre la materia.

## EJEMPLOS

**Identificación de los polos en las figuras ilustrativas de los ejemplos a seguir**:

- A modo de convención, en toda figura donde el BM aparece en blanco se entiende que es el N el que va **contra** la piel, o sea el polo azul, el negativo, de sedación, de descarga o levógiro. El operador, cuando aplique este BM sobre el paciente, estará viendo naturalmente la cara opuesta, que es la que **no** está operando.

- Con el mismo criterio, en las figuras donde el BM aparece con rayas, o sea rayado, se trata del S BM que va **contra** la piel, o sea el rojo, la energía positiva, estimulante o de sentido horario, dextrógiro.

En adelante, siempre que se mencione N BM, significará polo Norte biomagnético aplicado **sobre** la piel, y cuando se mencione S BM, significará Sud biomagnético aplicado **sobre** la piel.

Se aprovecha para recordar que todo material será siempre unipolar y que, al seleccionar el tamaño de los discos, se irá a lo más práctico, o sea, al diámetro más oportuno. En espacios intervertebrales convienen los más pequeños, por ejemplo los de 7 ó 10 mm; en el otro extremo, en hígado o bazo, 40 a 50 mm de diámetro.

Regla fundamental para la aplicación de BM:

> **La regla de oro es: aplicar los BM donde existe el dolor o el problema**. Esto es muy importante, a la vez que facilita toda la terapia magnetobiológica.

Antes de comenzar con los ejemplos dentro del cometido educacional de este tema, empezaremos por algunas precauciones, como sigue:

- No utilizar magnetos ni biomagnetos en casos de embarazo, sobre todo en la zona del abdomen.

- Tampoco emplear magnetos, biomagnetos o camillas biomagnéticas[4], sobre todo en la zona del pecho, cuando se utiliza marcapaso. Un magneto puede perturbar tales equipos.

- No usar camilla biomagnética[5] 24 horas al día, aun si la persona del caso estuviere postrada. La camilla biomagnética puede ser usada entre 8 y 10 horas al día.

- No aplicar biomagnetos en la zona abdominal hasta luego de haberse cumplido la digestión.

- No utilizar Sud biomagnético (S BM) excepto bajo supervisión, por ser potencialmente peligroso; recuérdese el carácter educacional de este tratado. La energía magnética positiva puede estimular el nerviosismo, insomnio, etc., y aun el aumento de microorganismos y formación de tumores.

---

[4] Siendo el tema del tapete o camilla biomagnética suficientemente importante, como así el de la camilla electromagnética —esta última desarrollada por el autor—, tales temas serán tratados más adelante en modo específico, con mayores detalles, aunque en varios casos se haga mención en estos ejemplos.

[5] Ídem nota anterior.

Numerosos investigadores científicos de todo el mundo se han ocupado de la Biomagnética, ya sean europeos, rusos, orientales, indianos y americanos. Por la calidad e importancia de las investigaciones, el autor concede capital relieve al descubridor de la energía separada de ambos polos y tantos otros logros, Dr. Albert Roy Davis (1920 - 1972).

Muchos escritos y reportes se han tenido desde la ex-Unión Soviética, así como de India, Japón y particularmente Puerto Rico, por la relevante y pionera tarea del Dr. Ralph Sierra.

Cuanto sigue es un elenco parcial de resultados y experiencias, sea de éstos y/u otros investigadores, y también del propio autor de este libro.

## 1) Acné

Todo tipo de N BM en forma de discos puede ser aplicado en las áreas afectadas.

Remitirse además a asesoramiento relacionado con la alimentación y posibles alergias.

## 2) Alcoholismo.

Aplicación de N BM tipo disco en zona de hígado, páncreas y diafragma. También puede ser BM tipo dominó o planchas de 4.000 ó 5.000 Gauss. En el primer modo, por semanas, y en la segunda variante, por períodos de 1 hora, 3 a 4 veces al día.

## 3) Armonización (figura III-1)

Discos en la zona hueca de las plantas de los pies. Una vez aplicados, ni resultan notorios para el usuario, sobre todo si su espesor no excede los 2 a 3 mm.

En la planta del pie derecho sirve para la descarga; en la del izquierdo para la carga, formándose un circuito que va armonizando ambas piernas y la parte más baja del tronco.

Cuando se aplican N BM en ambos pies, se favorece una amplia descarga de energías degradadas.

En los casos en que el circuito se halla bien armonizado, se puede aplicar un disco N BM en la planta del pie derecho y uno S BM en la del izquierdo (esto vale para hombres y para mujeres, pues las polaridades de los pies no cambian según el sexo).

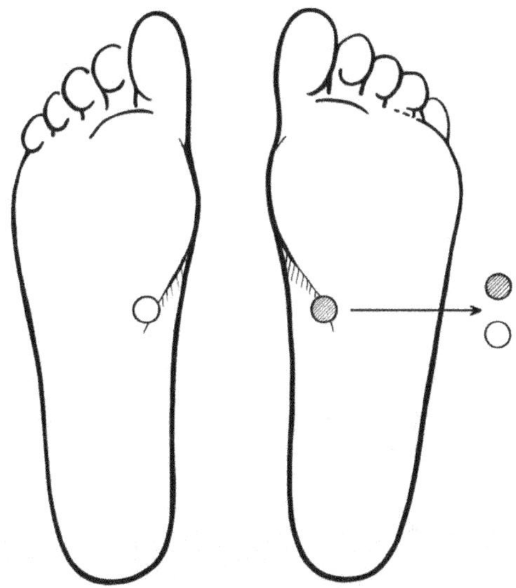

**Fig. III-1:** *Aplicación de biomagnetos*

## 4) Asma y fibrosis cística (figura III-2A)

Aplicación de discos N BM en ambos lados de la zona pectoral para tratamientos de estos casos.

La aplicación de N BM disco en toda la zona bronquial es muy recomendable. No obstante, en este particular tipo de enfermedad el *healing* efectuado a través de las manos en especial manera resulta de primordial ayuda y quizás solución definitiva del problema.

BM de muy alta o ultra alta densidad pueden ser aplicados en la zona del esternón, por períodos de unos 10 minutos, removidos y vueltos a recolocar frecuentemente, buscando superar la inflamación y el edema.

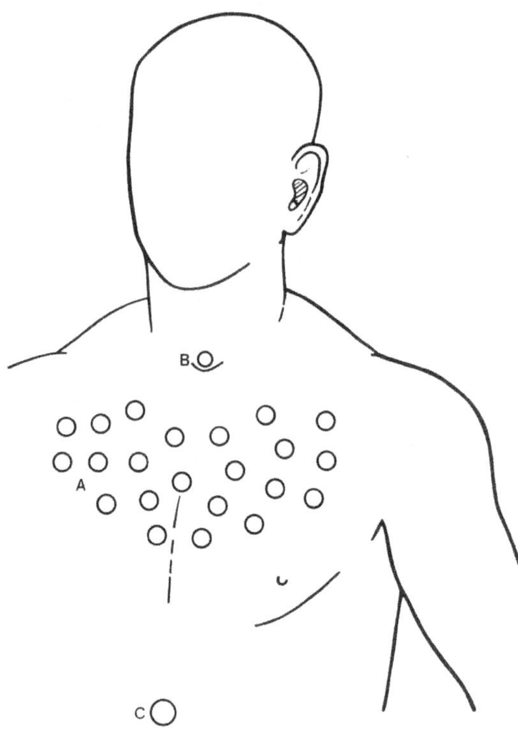

**Fig. III-2:** *Aplicación de biomagnetos*

## 5) Aterosclerosis

En el caso de endurecimiento de las arterias, los N BM ayudan a restablecer y reforzar la natural polaridad magnética negativa de las células sanguíneas y de las paredes celulares. Adicionalmente, la energía negativa ayuda a la remoción de depósitos de calcio, de plaquetas, como así de reumas en las articulaciones.

El empleo de planchas magnéticas de 4.000 a 5.000 Gauss en manera de "masaje magnético", en la zona de arterias carótidas, base de cerebro y principales arterias de brazos y piernas, puede ser efectuado varias veces por día.

## 6) Cáncer

Según ha sido comprobado experimentalmente por varios investigadores en modo independiente, los tumores malignos pueden ser detenidos en muchos casos con la aplicación de N BM de ultra y súper alta densidad; concretamente, planchas N BM de más de 4.000 Gauss sobre la zona afectada. Esto puede ser de fundamental ayuda en el tratamiento general de estos procesos degenerativos.

En todos los tipos de cáncer es primordial asimismo el *healing* de tipo manual, con maniobras especiales a describirse más adelante.

Del mismo modo, es muy importante la ingestión de abundante jugo de limón exprimido en el momento y usar cromoenergética amarilla y verde simultáneamente.

## 7) Cataratas

Es la falta de oxigenación apropiada de los ojos.

Esto puede ser tratado directamente colocando N BM con una vincha o venda sobre los ojos, escogiendo el tipo disco del tamaño apropiado. Tiempo: 30 a 60 minutos, 2 a 3 veces por día.

Un recurso muy recomendable, sea para tratamiento y también como medida preventiva, es el empleo de un anteojo biomagnético, consistente en un anteojo común neutro, al cual se le aplica pegado un trozo de material biomagnético flexible, colocado del lado interno, reproduciendo la forma del cristal, con unos 8 a 10 orificios, que permiten al usuario relajar la vista y mover tranquilamente los ojos, favoreciendo la acción magnética N BM del material, de unos 600 a 700 Gauss. Esto puede hacerse 10 minutos por vez, 2 a 3 veces por día.

## 8) Cefaleas (figura III-3C)

Colocar discos N BM en las zonas indicadas, por un mínimo de 30 minutos.

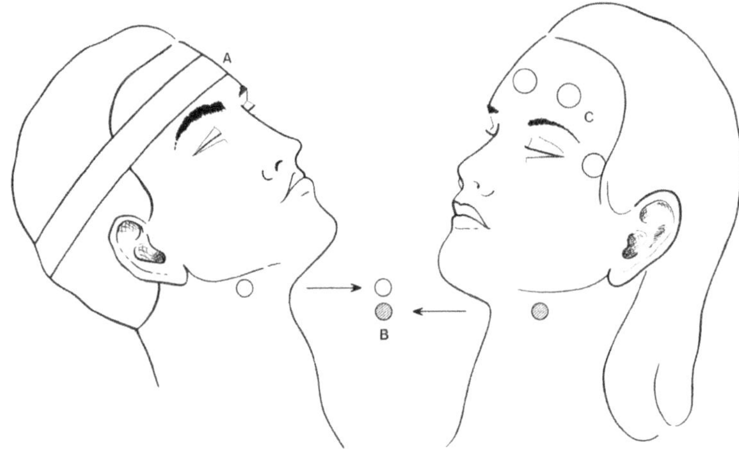


***Fig. III-3:*** *Aplicación de biomagnetos*

## 9) Celulitis

Puede ser tratada por colocación de tiras flexibles N BM directamente en las zonas afectadas, tal cual es la regla de oro de la terapia biomagnética. La energía magnética negativa disuelve los tejidos grasos, aunque ello tomará un tiempo de varios meses para resultados evidentes. Usar durante las horas de sueño.

## 10) Ciática (figura III-4A)

Se opera con N BM en todos los casos.

Si se dispone de una plancha de valor biomagnético ultra alto, por ejemplo de unos 4.000 Gauss, pasar el BM por toda la zona de la columna, únicamente en sentido descendente, durante unos 15 minutos.

Se puede complementar luego con la aplicación de 2 columnas de discos N BM a ambos lados de la columna, en la zona lumbo-sacra, y otros cerca de la articulación de la rodilla y zona glútea de la pierna izquierda.

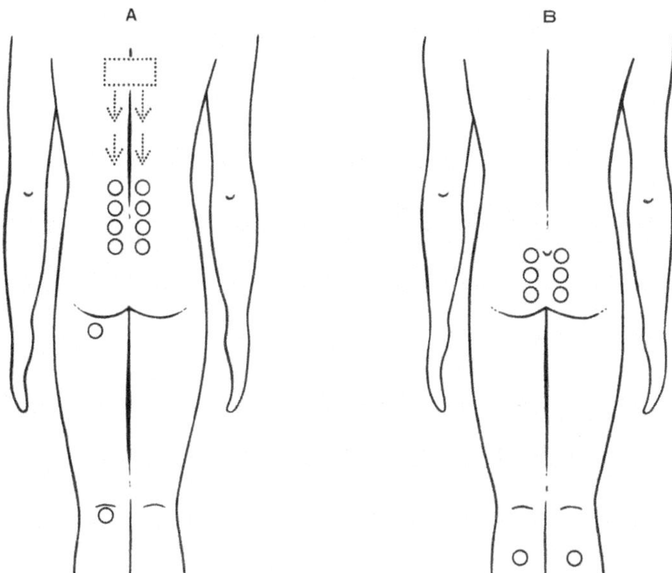


**Fig. III-4:** *Aplicación de biomagnetos*

## 11) Cirrosis hepática

Aplicar dominós o planchas N BM sobre páncreas, hígado y bazo, 30 minutos por vez, hasta 3 veces por día.

## 12) Cistitis (figura III-4B)

Aplicar N BM en ambos lados de la columna sobre la zona sacra, y también otros discos en ambas piernas en la zona alta de las pantorrillas.

Se puede tener en cuenta la variante dada en el caso de la **figura III-5**.

Se puede también emplear dominós N BM o planchas en las zonas de riñones, vesícula y uréteres, hasta 6 horas por día, 1 hora por sesión.

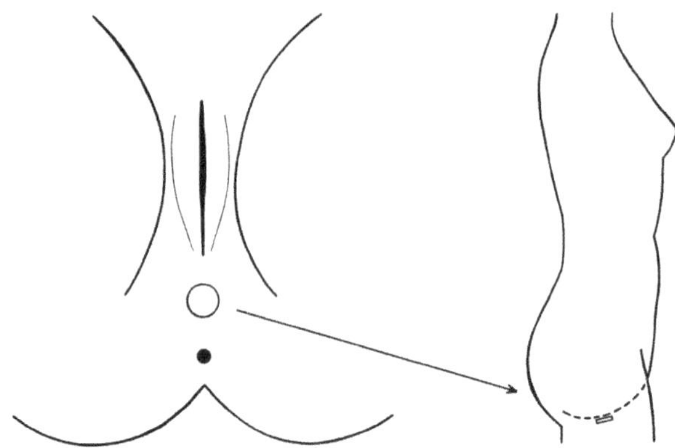

**Fig. III-5:** *Aplicación de biomagneto*

## 13) Colesterol elevado

La energía magnética negativa neutraliza los ácidos grasos y por ello normaliza el índice de alcalinidad, o sea el pH. Consecuentemente, el colesterol puede ser reducido a valores normales por la aplicación de N BM. El método más fácil de todos consiste en dormir por 8 horas diarias sobre un tapete o camilla biomagnética N BM; esto trata todo el cuerpo.

Cuando no se dispone de camilla biomagnética, se pueden aplicar dominós en las zonas de tiroides e hígado durante 30 minutos, 2 veces al día.

Recuérdese que no debe usarse la camilla biomagnética cuando la persona emplea marcapaso.

## 14) Cólico hepático

Aplicar tiras magnéticas flexibles o planchas, siempre N BM, en la zona hepática, hasta superarse el proceso.

Puede ser muy oportuna la ingestión simultánea de abundantes cantidades de jugo de limón, bebido inmediatamente luego de exprimido.

## 15) Cólico menstrual

Véase lo indicado bajo el título **Menstruaciones dolorosas**.

## 16) Cólico renal

Se impone el uso de tiras flexibles y/o planchas N BM cubriendo la zona afectada, o lo mismo sobre ambas, aunque el cólico se tuviese en un solo riñón, por motivos de precaución e higiene preventiva.

Estos problemas son casi siempre la manifestación, o por lo menos el preludio, de piedras y cálculos, por lo cual habrá de tenerse la asistencia y supervisión médica, además de un prolongado tratamiento.

## 17) Colitis

Aplicar varios dominós o planchas con N BM en zonas de hígado, vesícula y colon, en rutinas de 20 minutos, hasta 5 veces por día.

Se puede llegar a aplicar N BM de tal tipo 3 veces al día, 40 minutos por vez.

## 18) Constipación (figura III-6B)

Trátase de una cadena o hilera de discos con aplicación del polo N BM, siguiendo toda la línea del colon o intestino grueso. Esto es muy útil para constipaciones y lentitud del movimiento intestinal. Mantener una rutina semanal durante 2 a 3 meses y renovar al mismo tiempo la flora intestinal

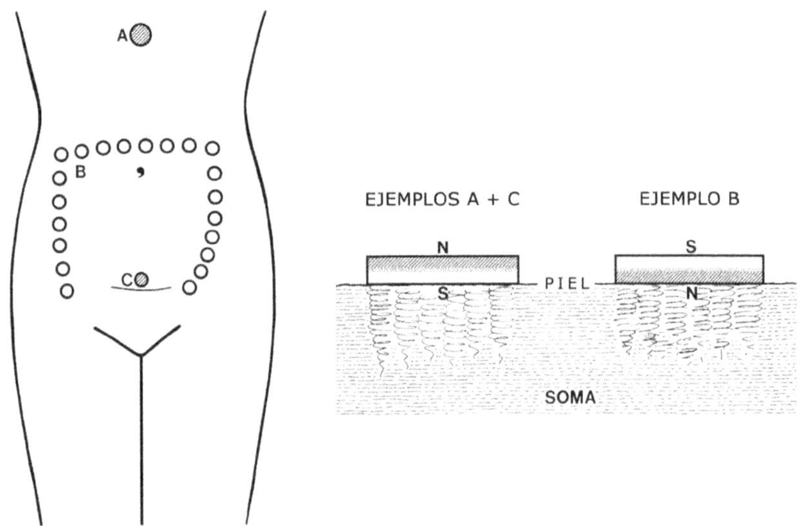


***Fig. III-6:*** *Aplicación de biomagnetos*

## 19) Contaminación electromagnética

Se trata de corregir los disturbios producidos por campos magnéticos positivos, el posible blindado contra los mismos y también la aplicación de energía biomagnética negativa. Véase **figura VII-14**.

Lo ideal es la camilla BM, que provee una capa protectora de energía magnética negativa y el flujo de la pulsación natural del campo geomagnético durante las horas de sueño, cancelando efectos nocivos de líneas de Hartmann.

## 20) Depresión

Se recomienda la camilla biomagnética, que acompaña magníficamente estos tratamientos. Es importante el apoyo médico y apropiada medicación.

## 21) Diabetes

Aparte de la supervisión médica en cuanto a la alimentación, la camilla biomagnética provee en tal sentido una amplia terapia en todo el cuerpo.

## 22) Dolores dentales (odontalgia)

Casi siempre se trata de dolores agudos pero localizados y lo ideal es aplicar un dominó N BM o, si fuere menester, un par de ellos en la zona afectada. Tiempo: 1 a 2 horas y repetir por el tiempo necesario, con intervalos de descanso de igual duración.

## 23) Dolores en la espalda (figura III-7A)

Se puede colocar una batería de discos formando filas, o mejor aún una tira flexible a cada lado, de unos 600 a 800 Gauss. Aplicar durante varias horas, hasta obtener resultados. Polaridad N BM.

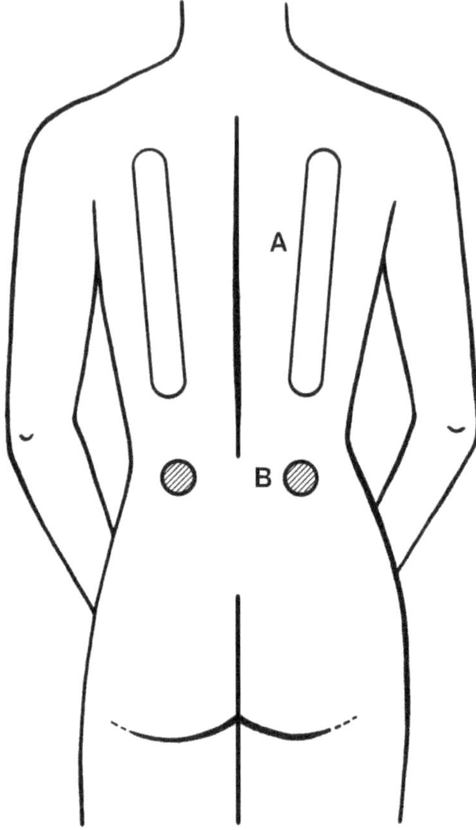



***Fig. III-7:*** *Aplicación de biomagnetos*

## 24) Enuresis nocturna

Puede tener raíces psicológicas y, a veces, ser debida a alergias.

Aplicar varios discos N BM en zonas de riñones y uréteres.

## 25) Estómago perezoso (figura III-6A)

La aplicación del polo S BM en la zona del duodeno es útil para estimular casos de pereza en la zona del estómago.

## 26) Falta de energía

**Figura III-6C:** BM con polo S BM aplicado en el lugar llamado punto *Hara*. Útil para promover energía en los casos de carencia de vitalidad e hipoactividad.

**Figura III-8B:** *Bombée* con S BM en el ombligo para estimulación de energía y actividad física.

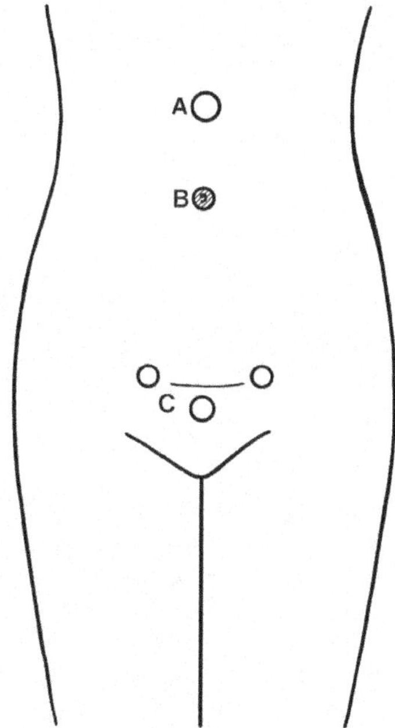


**Fig. III-8:** *Aplicación de biomagnetos*

## 27) Flatulencias

Trátase de gases estomacales o intestinales.

Aplicar N BM en forma de discos en las áreas que interesan y en especial en el colon descendente.

Si la situación es crónica, conviene considerar posibles reacciones adversas, originadas por una inapropiada alimentación.

Se puede agregar N BM tipo dominó en zonas del esternón, bazo, hígado y estómago, por períodos de 15 a 30 minutos, antes de las comidas; en caso contrario, el mismo lapso inmediatamente después de las refecciones.

## 28) Gases estomacales (figura III-8A)

Disco con N BM en zona de diafragma, para tratar gases estomacales.

Éste es un complemento del ejemplo anterior (flatulencias).

## 29) Gastritis (figura III-2C)

Disco con polo N BM en zona boca de estómago. Útil para tratar gastritis y dificultades en la digestión.

## 30) Glándula pineal, activación (figura III-9)

Esta glándula es responsable por la producción de melatonina, sustancia que controla los patrones cíclicos de sueño y actividad. También intensifica el sueño profundo e incrementa la actividad física y mental.

Aplicar un BM neodimio en la zona del vértex, o sea, exactamente en la zona más alta de la cabeza, durante toda la noche. Polo N BM. Hacer esto noche por medio.

**Importante:** Recalcando una vez más el estricto carácter didáctico de este tratado, que no entiende ni sugiere ser tratamiento médico, se destaca que **nunca deberá emplearse el polo S BM (o sea, el rojo o positivo) en la zona de la cabeza**, bajo ningún concepto, por ser peligroso.

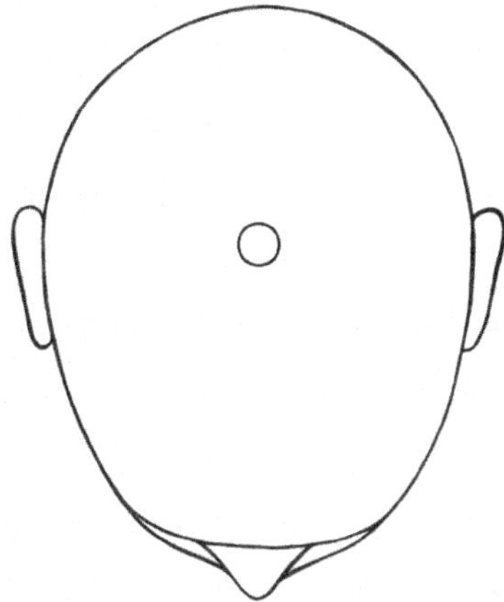

***Fig. III-9:*** *Aplicación de biomagneto*

## 31) Glaucoma

Significa una presión del fluido ocular anormalmente elevada.

Colocar N BM disco en la zona situada debajo o al costado del ojo, para permitir la eliminación fácil del líquido.

## 32) Hemorroides

Conviene aplicar tiras flexibles en toda la zona del colon y abdomen.

Otro recurso muy efectivo es sentarse sobre una plancha de 4.000 a 6.000 Gauss por un lapso de 1 hora, hasta 2 veces por día, siempre N BM. De esta manera la energía magnética atravesará plenamente la zona inferior del tronco.

Este tratamiento conviene sea continuado por varias semanas.

## 33) Hipertensión

Es una condición que afecta más de 15% de los adultos en Europa y América. La misma es diagnosticada cuando la presión sistólica sobrepasa los 160 mm, o la diastólica los 96 mm, y es persistente. A pesar de no dar síntomas casi nunca, si no se trata, puede producir ataques cardíacos y embolias. La hipertensión presupone un tratamiento largo y continuado.

El tratamiento ideal comprende una camilla biomagnética y N BM de 4.000 a 6.000 Gauss aplicados en la zona renal, de 30 a 60 minutos, hasta 2 veces por día.

Siendo muchas las causas de la hipertensión, también son muy variados los tratamientos; no obstante, en más del 70% de los casos la etiología o patogénesis del problema se desconoce.

Un recurso efectivo muchas veces es el sentarse sobre un N BM de 5.000 a 6.000 Gauss, por espacio de 1 hora, 2 veces al día.

**Figura III-3B:** Colocar un disco, un dominó o BM de mayor tamaño debajo de la oreja derecha, en la zona de la arteria carótida. Si es un disco, dejarlo mientras se duerme. En el caso del dominó, por unos 30 minutos, 2 veces al día. Siempre N BM.

Véase también las **figuras III-10 y III-11A**, donde, para la hipertensión, se ilustra un N BM en las zonas de arteria radial y de metatarsos.


## 34) Hipotensión

Se considera tal cuando se reduce la circulación cerebral, llegando a causar mareos y fatigas. Muchas veces está causada como reacción adversa por medicación antihipertensiva y aun por antidepresivos, como por traumas fisiológicos.

La terapia debe incluir la aplicación de N BM en toda la zona cervical, como también discos en la tiroides y glándulas suprarrenales; duchas con agua tibia y algunos segundos de agua fría, aparte de la camilla biomagnética.

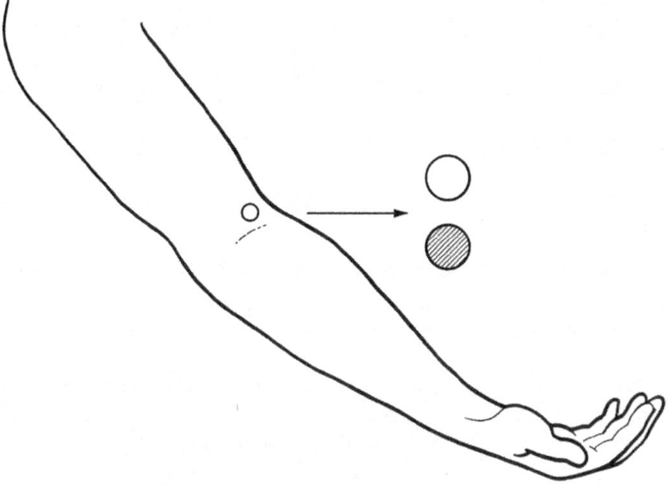

**Fig. III-10:** *Aplicación de biomagneto*

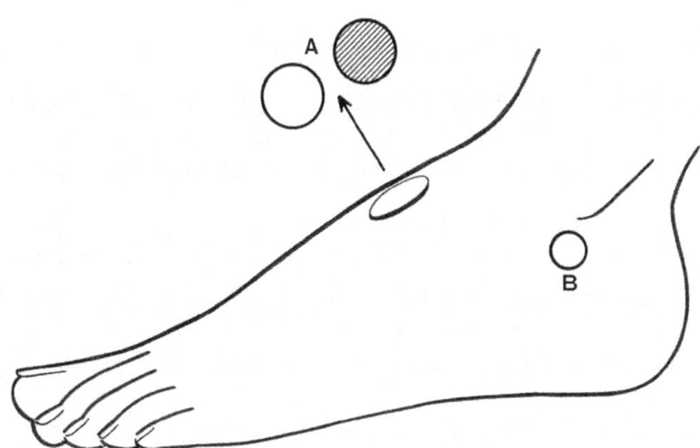



**Fig. III-11:** *Aplicación de biomagnetos*

**Figura III-3B:** Con el mismo criterio de la hipertensión, según se trate de disco o dominó, pero aplicando S BM en zona de carótida izquierda. Véase también las **figuras III-10 y III-11A**, donde, para la hipotensión, se observa un S BM aplicado en las áreas dibujadas.

## 35) Hipotiroidismo

Es la anormalmente baja actividad de la glándula tiroides y, por consiguiente, la insuficiente producción hormonal. Existe sensación de cansancio, debilidad muscular, bradicardia y agravamiento de la voz.

El tratamiento conviene realizarlo con N BM en la zona tiroidea y entre 7ª cervical y 1ª dorsal. Aquí se podría aplicar energía S BM para estimular la glándula, pero esto requiere una frecuente supervisión científica.

**Figura III-2B**: *Bombée* con N BM en la base del cuello.

## 36) Infecciones

El neodimio N BM es ideal para pequeñas áreas.

En el caso de vejiga y riñones, aplicar planchas N BM con la mayor frecuencia posible y por 1 hora cada vez, hasta 6 horas por día, por varios días más allá de la desaparición del síntoma.

En las infecciones se suministran casi siempre antibióticos, pero si el campo biomagnético posee suficiente inducción, apropiada colocación y duración, dichos antibióticos resultan casi siempre innecesarios. Pero, en caso de necesidad, y siempre con el uso de N BM, la energía biomagnética reforzará el efecto de la medicación.

## 37) Inflamaciones de piernas y muslos (figura III-12A)

Se impone la aplicación de tiras o filas de BM en ambas piernas y también un disco en cada planta del pie, siempre N BM.

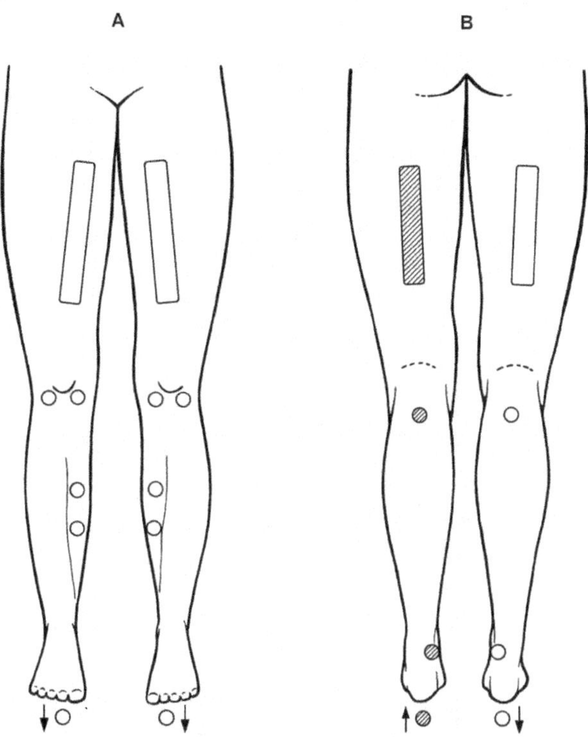

**Fig. III-12:** *Aplicación de biomagnetos*

## 38) Inflamación de pies (figura III-11B)

Colocar biomagneto N BM en la zona indicada, en ambos pies.

## 39) Inflamación de vejiga (figura III-5)

Colocar un disco o dominó N BM en la zona del perineo. Si es el primero, puede permanecer varios días, pero en la segunda variante, hacerlo solamente por 15 a 30 minutos, 2 veces al día.

## 40) Insomnio

**Figura III-13:** Un disco en la frente, cerca de la zona del entrecejo, aplicándose N BM, ayuda para los casos de insomnio; puede dejarse durante todo el tiempo de sueño. En otro sentido, aplicado en el mismo punto y acompañado de ciertos ejercicios, estimula la percepción extrasensorial.

**Figura III-3A:** Una banda biomagnética en forma de vincha, o bien una batería de varios discos con N BM en la zona de la frente, ayuda notablemente al descanso; dejar durante las horas de reposo.

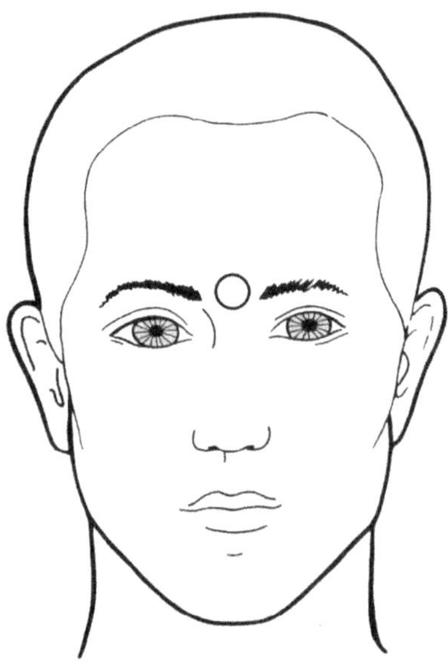

**Fig. III-13:** *Aplicación de biomagneto*

## 41) Mareos

Pueden obedecer a diferentes causas y condiciones.

Además del control de la presión arterial, aplicar dominó o plancha de 4.000 a 5.000 Gauss N BM en zona del estómago. Si también comprende disturbios auditivos, apoyar un dominó N BM sobre los oídos, y aun insertar un *bombée* N BM dentro del oído, que puede permanecer horas o días.

Si existe hipertensión, atender también a esto, según se ha indicado.

## 42) Menstruaciones dolorosas

Con 3 ó 4 días de anticipación a la fecha estimada de la menstruación, aplicar discos del tipo cerámico o plástico de unos 600 Gauss, N BM, uno en cada zona de ovario (ver **figura III-8C**).

Cuando comienza la menstruación, retirarlos, y volver a colocarlos con el mismo criterio, hasta que sea necesario.

## 43) Menstruaciones irregulares.

Esto significa que no tienen un período ni siquiera aproximadamente constante, si se establece como normal que la menstruación ocurra como mínimo cada 23 días y como máximo cada 33 días, que son los extremos biorrítmicos.

Fuera de tales márgenes, se sugiere colocar discos N BM de 600 Gauss en las zonas de cada ovario durante todo el tiempo; retirarlos cuando se inicia el período menstrual y recolocarlos al terminar el mismo, hasta normalizar la irregularidad, que suele llevar varios meses de tratamiento.

Si existe también dolor en la zona del útero, agregar otro disco N BM de unos 30 mm de diámetro en dicho punto, aplicado con el mismo criterio y rutina (**figura III-8C**).

## 44) Otitis. Dolor de oídos (figura III-14A)

Colocar un disco o *bombée* con N BM apuntando hacia el lado interno, durante horas o días.

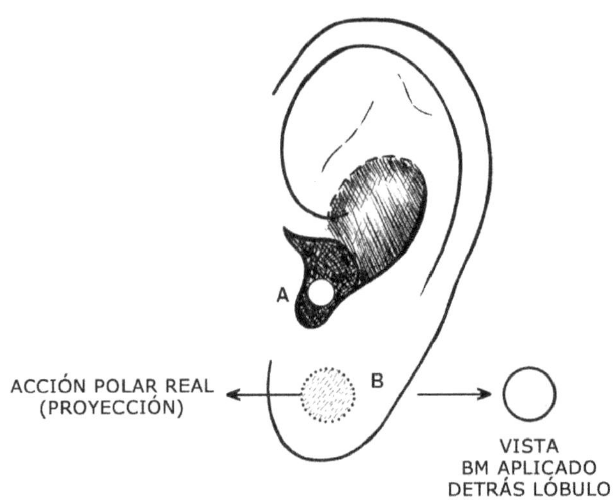


**Fig. III-14:** *Aplicación de biomagnetos*

## 45) Ovarios y útero (figura III-8C)

Discos con N BM en las respectivas zonas. Para corregir trastornos en los órganos femeninos, inflamaciones e irregularidades en el período menstrual.

## 46) Presión arterial

**Figura III-10:** Normalización de la presión arterial. El disco va aplicado en la zona de la arteria radial. Si se trata de hipertensión, va aplicado el N BM, y en los casos de hipotensión, el S BM. Para mayores detalles, ver los respectivos tópicos.

**Figura III-11A:** Aplicación de un disco en ambas zonas de metatarsos, para ayudar a controlar la presión arterial. Si es hipertensión, aplicar N BM, y si es hipotensión, S BM. Ver también **figura III-3B**.

En los casos de presión arterial, el tratamiento siempre es prolongado y debe continuarse aun luego de haberse obtenido efectos. Ver los respectivos tópicos para otros detalles.

## 47) Prostatitis

El uso de N BM del orden de los 4.000 Gauss produce excelentes resultados en muchos casos y esto se realiza sencillamente sentándose sobre la plancha. La rutina semanal aconsejada es de 1 a 2 horas máximo por día, en 2 sesiones de igual duración; 6 días de tratamiento y 1 de descanso, durante varias semanas.

## 48) Quemaduras

Aplicar de modo adecuado (como ya explicado anteriormente) N BM tipo dominó lo más pronto posible, y antes del deterioramiento del tejido.

## 49) Rehabilitación post-cirugía (figura III-12B)

En caso de ser necesaria una rehabilitación por post-operatorio, reeducación, etc.

En la pierna izquierda se ilustra una tira y también discos en pantorrilla, tobillo y planta de pie, todos ellos S BM. Cuando la otra pierna no precisa terapia, puede aplicarse N BM en las mismas áreas.

## 50) Riñones debilitados (figura III-7B)

En este particular caso, aplicar S BM en forma de disco: 1 grande sobre cada zona, o bien 4 medianos. Requerir el control médico oportuno.

## 51) Sequedad de globo ocular. Mal de Sörjen

Es causada por arteriosclerosis cerebral.

Puede ser tratada con dominó o neodimio N BM, a razón de 30 minutos de aplicación cada vez, hasta 4 veces diarias, aparte del tratamiento médico.

## 52) Tabaquismo (figura III-14B)

Para contrarrestar el hábito de fumar.

Colocar un disco con N BM detrás de cada lóbulo, durante varios días.

Se han detallado aquí más de 50 ejemplos de empleo práctico de la Biomagnética. El lector estudioso, en la práctica, hallará seguramente muchos nuevos ejemplos dentro de las grandes líneas que se han marcado.

## APLICACIONES TERAPÉUTICAS DE LA ENERGÍA MAGNÉTICA POSITIVA

Existen varias importantes y seguras aplicaciones de la energía magnética positiva, que solamente deberían ser aplicadas por un médico habilitado para la terapia biomagnética. En este libro no se hará ninguna descripción de esta energía fuera de los pocos detalles ya mencionados, señalándose que la literatura en esta materia es aun hoy en día no suficientemente coherente, sino más bien lo contrario, y el lector estudioso deberá ser muy prudente, evitando correr riesgos.

Como mención, por el momento, la energía magnética positiva toma un excelente lugar en materia de respuestas con propósitos de pruebas y diagnósticos. Se abundará un poco más sobre esto en el Capítulo VII.

## ALGUNAS APLICACIONES DEL S BM

Siempre a título didáctico, cabe mencionar algunas aplicaciones de la energía magnética positiva (+).

- En el animal macho se puede aumentar la producción de líquido por parte de la glándula prostática y con ello la potencia sexual del animal. La técnica es hacer sentar al animal sobre el S BM de una plancha 30 minutos por la noche y, en casos difíciles, 2 veces diarias, esto es, 30 minutos por la mañana y 30 minutos al anochecer. Se han observado resultados muy positivos, pero el uso excesivo del tratamiento —que suele llevar tan sólo 1 a 2 semanas— puede conducir a un aumento del deseo sexual y facilitar quizás disturbios y hasta tumores. Siempre, en el mismo caso del animal, cuando el macho está posado sobre el S BM, sus testículos también reciben una alta cantidad de esta energía magnética y, por lo tanto, se incrementa su deseo sexual.

- El mismo tratamiento, aplicado al animal hembra, suele aumentar su tono vital y fortaleza; siempre con uso de una plancha S BM, durante 30 minutos antes de la hora de retirarlo a dormir.

- En el caso de personas afectadas por diabetes, en un cierto número limitado de casos se ha hallado que con la aplicación del S BM, en la zona del páncreas, con una plancha de unos 5.000 Gauss, durante 30 minutos por la mañana y otro tanto al anochecer, se ha tenido una elevación de la cantidad de insulina producida, conforme a análisis de azúcar en la orina.

# Cap. IV

# *HEALING* A TRAVÉS DE SOLUCIONES GLICÓLICAS

En los capítulos que anteceden se han ilustrado dos importantes ramas de la terapéutica holística, a saber: el *healing* efectuado a través de las manos y el producido a través de biomagnetos.

En el primer caso, la armonización se produce primordialmente desde el exterior hacia el interior, o sea, comenzando en el campo bioplásmico, continuando en el soma y cerrándose en anillo por ser todo una unidad. En el segundo tipo de *healing* la acción terapéutica se inicia desde la epidermis hacia el interior del organismo por transformaciones bioeléctricas a escala celular, tisular y orgánica, y luego se refleja sobre el campo bioplásmico, cerrándose en definitiva también un anillo unitario. Estas dos herramientas presentadas son de alto valor, aun actuadas por separado, pero todavía más cuando se combinan oportunamente.

Pero hay otros recursos más y seguidamente se detallará en este capítulo el valor terapéutico de ciertas soluciones glicólicas que, como lo ya estudiado, puede ser practicado tanto como *healing* o *self-healing*.

La lista de posibles productos y componentes es teóricamente incalculable, pero en la práctica cada región, comarca o continente posee muchas veces, desde tiempos inmemoriales, diferentes recursos naturales, que crecen conforme a las coordenadas de longitud, latitud y altitud, existiendo simple-mente a la mano de quien quiera, pero sobre todo de quien **sepa** escogerlos.

Estos productos naturales son casi siempre hojas, semillas, flores o raíces vegetales y muy excepcionalmente algún minúsculo insecto disecado.

En este tratado el autor se ha remitido a la fuente que mejor conoce, que es la del continente sudamericano y particularmente de las selvas, valles y cordillera andina, donde quizás se tenga la mayor paleta y reserva ecológica dentro de las ya críticas condiciones en que se halla nuestro planeta.

El primer paso de todo este proceso ha sido la selección de los productos de manera específica, con criterio bien holístico, a saber: que las propiedades y respuestas terapéuticas fuesen no meramente útiles a nivel orgánico, sino también a nivel de campo energético o "aura".

Otra condición ha sido la de balancear la relación alcohol / glicerina en la manera más justa y se ha hallado una proporción que se ha estimado como la óptima, a saber: 20% de extracto alcohólico del producto y 80% de glicerina bidestilada. Curiosamente, la proporción continentes / mares en nuestro planeta tiene casi esta exacta proporción y por tal y otras razones se ha elegido este valor.

Se ha determinado, en principio, como útil y suficiente para cubrir las necesidades de *healing* y *self-healing*, un conjunto constituido por 32 esencias, combinadas entre sí en variadas maneras y proporciones, determinantes de 12 variedades, que constituyen otros tantos compuestos.

Se identificará seguidamente cada esencia con el nombre más conocido, común, corriente y popular, cuando exista, que en muchos casos es de raíz indígena pre-colombiana. Estas esencias seguramente son utilizadas con iguales propósitos por los nativos desde épocas milenarias para atender y solucionar sus necesidades terapéuticas.

| | |
|---|---|
| Alcachofa | hoja |
| Alcaçuz | cáscara |
| Alcantis Virilis | cáscara |
| Bayas de Zimbro | semilla |
| Belladona | hoja |
| Boldo de Chile | hoja |
| Cabreúva | cáscara |
| Cantáridas | insecto (mosca de España) |
| Cáscara Sagrada | cáscara |
| Casearia Silvestre | compuesto vegetal |
| Catuaba | cáscara |
| Cipocravo | cáscara |
| Congonha de Bugre | hoja |
| Crataegus | flor |
| Espinheira Santa | hoja |
| Eucaliptus | hoja |
| Flor da Noite | flor y raíz |
| Guaraná | semilla |
| Imburana | semilla |
| Jatobá | cáscara |
| Jurubeba | raíz |
| Lavanda | semilla |
| Maracujá | hoja |

| Marapuama | cáscara |
|---|---|
| Melissa | hoja |
| Mulungú | cáscara |
| Noz de Cola | semilla |
| Pariparoba | hoja |
| Pau Pereira | cáscara |
| Pichurim | semilla |
| Thuia | flor |
| Valeriana | raíz |

Los 12 compuestos se logran combinando un mínimo de 3 y un máximo de 6 esencias. Las proporciones que hacen a cada combinación no interesan al lector, por cuanto se entiende que el primordial interés del mismo estará centrado en su utilización, y, para, más en el aspecto bioquímico, muchos componentes se hallan en una proporción muy cercana al punto eutéctico.

Continuando, cada uno de estos extractos glicólicos posee una cantidad de tratamientos cromáticos, eléctricos, biomagnéticos y electromagnéticos. Cada extracto también está asociado en su polarización con una referencia astral, aunque todavía no se hayan medido relaciones entre cuerpos celestes y la vida orgánica terrestre.

Se detallará a continuación el tratamiento de cada extracto, haciendo notar que:

- las polarizaciones cromáticas son en todos los casos de 120 minutos, en absoluta oscuridad;

- las descargas piezoeléctricas con los cristales son de 2.600 V, en el lapso de 0,7 segundos;

- la polarización con biomagnetos es de 120 minutos, y

- la dinamización con campos alternos de 6.000 Gauss es de 24 minutos, siempre en todos los casos.

Así entonces, sigue el elenco:

1. **Área sexual.**
   **Vórtice sacro.**
   Influencia planetaria: Venus.
   Polarización cromática: celeste.
   Dinamización con cristal: cuarzo rosa.
   Polarización biomagnética: ninguna.
   Dinamización con campos EM alternos: 50% de intensidad del generador.

2. **Vórtice hepático aferente (carga).**
   **Lóbulo superior hepático y vesícula.**
   Influencia planetaria: Saturno.
   Polarización cromática: naranja.
   Dinamización con cristal: cuarzo rosa.
   Polarización biomagnética: Sud 3.000 Gauss.
   Dinamización alterna: 50%.

3. **Vórtice solar (3 capas).**
   **Plexo solar.**
   Influencia planetaria: Sol.
   Polarización cromática: verde amarillento.
   Dinamización con cristal: cuarzo rosa.
   Polarización biomagnética: Sud 3.000 Gauss.
   Dinamización alterna: 90%.

**4. Vórtice cardíaco.**
**Pecho y timo.**
Influencia planetaria: Plutón.
Polarización cromática: azul oscuro.
Dinamización piezoeléctrica: cuarzo blanco.
Polarización biomagnética: ninguna.
Dinamización alterna: 50%.

**5. Vórtice hipofisiario.**
**Glándula hipófisis.**
Influencias planetarias: Urano y Luna.
Polarización cromática: lila.
Dinamización piezoeléctrica: cuarzo transparente.
Polarización biomagnética: Norte 1.500 Gauss.
Intensidad de campo alterno: 50%.

**6. Vórtice coronario.**
**Vértex y glándula pineal.**
Influencias planetarias: Neptuno y Venus.
Polarización cromática: ultravioleta.
Dinamización piezoeléctrica: amatista violeta.
Polarización biomagnética: Sud 1.000 Gauss.
Dinamización campos alternos: 50%.

**7. Vórtice hepático eferente (descarga).**
**Tiroides. Riñones. Lóbulo inferior del hígado.**
Influencia planetaria: Júpiter.
Polarización cromática: verde.
Dinamización piezoeléctrica: cuarzo blanco.
Polarización biomagnética: Norte 6.000 Gauss.
Dinamización con campos alternos: 80%.

**8. Vórtices del bazo y páncreas.
Glándulas esplénica y pancreática.**
Influencias planetarias: Marte y Venus.
Polarización cromática: infrarrojo.
Dinamización piezoeléctrica: cuarzo rosa.
Polarización biomagnética: ninguna.
Dinamización con campos alternos: 40%.


**9. Zona de predominio amarillo.
Sistema nervioso en general.**
Influencia planetaria: Mercurio.
Polarización cromática: amarillo.
Dinamización piezoeléctrica: topacio.
Polarización biomagnética: Sud 2.000 Gauss.
Dinamización alterna: 80%.


**10. Área de predominio azul.
Sistema cardiorrespiratorio en general.**
Influencia planetaria: Venus.
Polarización cromática: azul.
Dinamización piezoeléctrica: sodalita.
Polarización biomagnética: Sud 1.500 Gauss.
Dinamización alterna: 80%.


**11. Área de predominio rojo.
Sistema digestivo en general.**
Influencia planetaria: Marte.
Polarización cromática: rojo.
Dinamización piezoeléctrica: cuarzo rosa.
Polarización biomagnética: Sud 3.000 Gauss.
Dinamización con campos alternos: 80%.

**12. Impregnación de energía solar.**
**Impregnación de energía vital.**
Influencia planetaria: Sol.
Polarización cromática: rosa.
Dinamización piezoeléctrica: cuarzo rosa.
Polarización biomagnética: Sud 3.000 Gauss.
Dinamización con campos alternos: 90%.

**Nota:** Para evitar tecnicismos en unidades quizás no comunes para algunos lectores (caso del Ångström), se ha optado por indicar el color respectivo dentro del espectro en cuanto hace a la polarización cromática.

El bien detallado elenco y características permitirán al lector conocer suficientes rasgos de estos extractos.

Cabe consignar que las polarizaciones, dinamizaciones y tratamientos son decisivos para la eficacia de cada uno de ellos.

## ACCIÓN U ORGANISMO ARMONIZANTE DE LOS EXTRACTOS

Estos extractos o bioaceites operan en modo diferente al *healing* manual y a los biomagnetos.

En un modo general, se aplica directamente un par de gotas con el frasco en la zona que interesa y se hace una estimulación para favorecer la penetración del extracto que sea en la dermis. Desde allí el efecto continúa de por sí por los propios mecanismos biológicos del ser humano.

La acción terapéutica se ayuda si se practica en el punto que sea un masaje con movimiento antihorario con cierta intensidad, por ejemplo zona laríngea, en todos los casos de sedación, apertura o descarga; con el mismo objeto se operarán movimientos dextrógiros, ahora más veloces y superficiales, para cualquier acción de carga. Conforme el sexo, se empleará la mano que haga a la polaridad.

El extracto será absorbido totalmente por la piel y continuará su acción de *healing* aun durante varias horas después de practicado el tratamiento armonizador.

Si el lector ha prestado atención, observará que uno de los extractos (el séptimo en el elenco) es especial para la descarga y ha sido concebido y combinado en cuanto a componentes y proporciones para poseer carácter eferente y marcadamente levógiro. Este extracto, indicado para operar sobre la zona del vórtice laríngeo, actúa asimismo sobre la tiroides y se sugiere su empleo para todo cuanto constituya apertura y descarga.

Es indudable que estos extractos glicólicos guardan correlación con la energía biomagnética y la del *healing* manual; si bien no sustituyen a aquéllos por no ser idénticas cosas, sí se complementan magníficamente.

A veces no resulta siempre cómodo llevar biomagnetos o no se dan condiciones para el *healing* manual; los bioaceites resultan muy eficaces y a veces producen efectos en tiempos mucho más breves.

Otro detalle es que un extracto glicólico puede acompañar o potencializar otra modalidad de *healing*. Supóngase que se hace un *healing* manual y se quiere prolongar la acción operativa; a continuación del *healing*, en el punto, zona o área que sea, se puede aplicar el extracto glicólico que convenga, conforme a lo detallado en este mismo capítulo.

Un ejemplo: luego de abrir el vórtice hipofisiario, se puede activar, cargar o dinamizar la misma zona aplicando el extracto del caso (el quinto extracto en el elenco antes dado), aplicándolo con fricciones suaves y rápidas, en sentido horario, con la mano que corresponda al sexo de la persona, utilizando, naturalmente, el dedo pulgar.

Si se quisiera cargar el vórtice sacro, se lo hará con el extracto que figura en primer término en el elenco dado; y así con todos los demás.

Un detalle distintivo es que los bioaceites —o sea estos extractos— pueden utilizarse sin ninguna restricción no sólo para la descarga, sedación y apertura del campo energético, sino también para la carga en todos los puntos oportunos, sin las reservas que se tienen, por ejemplo, con el polo positivo (Sud) de los biomagnetos, que requiere muchísimos recaudos.

En su presentación, estos extractos proveen un envase extra del producto específico para la descarga y sedación.

Los extractos glicólicos no poseen la enorme duración de los biomagnetos; son perfectamente utilizables por un lapso de 2 años, luego del cual conviene reemplazar el conjunto por otro de reciente elaboración. En ningún momento resultan tóxicos o producen reacciones alérgicas y, aunque pudiere ya haber sido dicho, no hay restricciones de ningún orden para su empleo.

# Cap. V

# *HEALING* Y LAS ESENCIAS VEGETALES AMAZÓNICAS

La historia de la medicina alopática, a partir de su fundador, Galeno, ha dado cuantiosísimos resultados positivos en pro de la salud humana. No obstante, también se ha incurrido inevitablemente en muchos abusos, en las reacciones secundarias, en las secuelas adversas y aun en la iatrogenia. Actualmente, y sobre todo en las más recientes décadas, los avances de la medicina oficial occidental se han dirigido y continúan orientados a productos medicinales del menor índice posible de agresividad y la patogénesis de las enfermedades, si bien esto último es muy incipiente y debatido. Lo que sí ha habido son grandes logros en materia de aparatología científica no agresiva, de mucho mayor precisión por la cada vez mayor resolución instrumental, hablando concretamente de equipos electromagnéticos y electroterapia.

Lamentablemente, el mundo científico de la medicina continúa todavía mucho más abocado a descubrir las causas de particulares tipos de enfermedades, y muy poco a la investigación de los factores que promueven o patrocinan las mismas en grandes rangos, o sea, una profilaxis global.

Después de la segunda guerra mundial, la medicina natural ha comenzado a poseer un mayor relieve y por ende ha existido un conocimiento y difusión, que van siempre en aumento, de procedimientos terapéuticos tan antiguos como para no poder precisar su origen. Entre ellos están, con preferencia, todos aquellos de acción fisiológica natural, que en sentido retrospectivo incluyen la fitoterapia europea y toda la medicina natural, la medicina homeopática, la medicina científica-filosófica de Hipócrates y, aún más atrás, las orientales y en particular la de la China, varias veces milenaria en su antigüedad.

Bastante más recientemente, en Sudamérica ha comenzado a prestarse atención a un incalculable caudal y variedad de productos vegetales del Amazonas, dilatadísima región que comprende partes del Brasil, Perú, Ecuador, Colombia y Venezuela. Según los casos, trátase de hojas, flores, semillas o raíces, empleadas desde remotas épocas por los nativos de tales regiones para realizar una gran parte del *healing* en sus respectivas comunidades. Esto ha comenzado a ser un poco más conocido precisamente a partir de 1992.

Todo este "nuevo viejo continente" fitoterapéutico es tan natural como los mayormente homenajeados de Europa y Oriente, habiéndose seguido la también multimilenaria tradición indígena.

Este verdadero arsenal terapéutico tardará mucho todavía en ser debidamente conocido y, para dar una idea de su vastedad, basta señalar que en una planta se han hallado hasta 2.000 diferentes ejemplos de elementos de posible acción terapéutica; todo ello carente de contraindicaciones, por ser absolutamente naturales y sobre todo por las dosis infinitesimales utilizadas.

Todo este gran laboratorio natural es denominado **Esencias Vegetales Amazónicas**, que provienen de los confines con los llanos orientales colombianos, la Amazonia peruana y también la ecuatoriana.

Los productos que aquí interesan son aun ahora recogidos por los nativos e indígenas, que toman en cuenta también ciertos parámetros ambientales y energéticos (época del año, fase lunar, hora de corte). Una vez recogidos, cada uno de los productos guarda un tiempo preciso de estacionamiento y luego es procesado hasta obtenerse una esencia-madre, que luego sirve para hacer cada concentrado y finalmente la dilución para el uso.

Las esencias son además tratadas, en todos los casos, con el concurso de otros recursos dentro de la gran paleta del *healing* conforme a la BPE: campos electromagnéticos alternos, Bio-magnética, Cromoenergética y altas tensiones electrostáticas a través de la piezoelectricidad de cuarzos, sales de Rochelle y turmalinas. Cada esencia tiene su propio tratamiento que potencializa cada esencia-madre.

Debido a muy reciente interés (sobre todo después de la Conferencia Ecológica Mundial) y hablando del Brasil, el Instituto Nacional de Botánica del Brasil recién se halla en la tarea inicial (fase I), que es la reunión y recolección de especies. Lo mismo acontece con el Instituto Fitológico del Estado de Amazonas, por lo cual la obtención de las esencias-madre aún hoy se debe hacer por contacto directo, lo cual también presenta sus ventajas.

La denominación de las hojas, flores o raíces está todavía muy lejos de haberse ordenado. De cualquier manera, se quiere mencionar que las maniobras de época y oportunidad del corte, tamaños, tiempos de almacenamiento y parámetros astroener-géticos crean una dimensión totalmente diferente a los cánones comunes, y que parece poseería decisiva importancia en la efectividad de tales agentes terapéuticos.

Tanto como para dar ciertos nombres que sirvan como ejem-plos, aquí van algunos:

- Alcaçuz
- Aureira-mansa
- Bartira
- Beldroega
- Cambará
- Chá-da
- Chuchú
- Coendro
- Cu-cu-mincio

- Endro
- Erva cidreira do mato
- Gummu
- Jarrinha
- Menstrus
- Picáo
- Quitoco
- Sucupira
- Taiuiá
- Trubulaia
- etc.

## MECANISMO TERAPÉUTICO PARA TINTURAS DILUIDAS

En este capítulo del *healing* y *self-healing* conforme a la BPE, las esencias vegetales amazónicas tienen su lugar propio por ser su acción encaminada de manera diferente a como lo hacen los recursos comentados en capítulos anteriores (manos, Biomagnética, Oleoenergética, Cromo y Sonoenergética, etc.).

Desde ya las dosis son altamente diluidas y el principio terapéutico es virtualmente energético.

Si se recuerda que la BPE sostiene cuatro instancias: energética, psicológica, funcional y orgánica, la acción terapéutica y armonizante de las esencias vegetales amazónicas se inicia al nivel más sutil, el energético, y las diluciones pueden ser inferiores a 1 Mol, lo cual podría ser contestado por profesionales organicistas, aunque ya difícilmente hoy se intente rebatir los efectos producidos sobre los tejidos por sutiles agentes del cuarto estado de la materia, que producen innegables efectos en forma inmediata o mediata, según los casos, a pesar de ser el p.m. (producto medicinal) muy "etérico" —por así decir— y por lo mismo con mecanismos de acción y manifestación no suficientemente conocidos al presente.

El autor tiene acceso actualmente a 1.004 diferentes esencias, cantidad que si bien parece impresionante, dista muchísimo de ser total.

La utilización de estas esencias a veces exige una dilución previa y a veces ya está preparada, lista para su uso. En el primer caso, se tiene un envase que constituye un **concentrado** por el común de varias esencias apropiadas al caso. Este concentrado se emplea del siguiente modo: se toma una determinada cantidad del mismo, se lo introduce en un pequeño frasco o envase esterilizado, se completa el mismo con agua destilada o mineral sin gas y se utiliza por gotas.

Se dará un ejemplo concreto, suponiéndose que se tiene un concentrado compuesto por una elaboración de 4 esencias, formando un envase de 60 mililitros (60 centímetros cúbicos) y que tiene un grado de concentración de 10 veces. Esto último ya indica que servirá para preparar un medicamento de un volumen 10 veces mayor que el concentrado; en el presente ejemplo, si el envase del concentrado es de 60 ml (= 60 cc), el mismo servirá para producir 10 envases diluidos de 60 ml cada uno, es decir, un total de 600 ml de esencias vegetales amazónicas a ser ingeridas, siempre por gotas, como será indicado.

En la práctica, cada vez que hace falta, se toma del envase del concentrado la cantidad que corresponde (6 ml en tal ejemplo), se introduce en el frasco de uso y se completa como ya se ha dicho; naturalmente, el frasco de uso será de 60 ml. Si se trata del mismo ejemplo, en otras palabras, debería extraerse del frasco del concentrado la décima parte cada vez y hacer lo mismo por un total de 10 veces.

El grado de concentración puede ser cualquiera. Si ahora fuere de 6 veces, el envase del concentrado se utilizará por 1/6 cada vez, y entonces producirá 6 envases diluidos para el uso. Si fuere doble concentrado, serviría para hacer 2 envases diluidos; y, finalmente, si fuese de un solo grado, sería para utilizarlo directamente, por estar ya preparado para el uso terapéutico.

El número de esencias puede ser de 1 o más tipos, aunque muy raramente sobrepasará 6 diferentes de ellas.

**Dosis**: Se cuentan por gotas, siendo preferible que el envase del producto diluido posea cuentagotas. Una dosis equivale a 4 a 6 gotas, colocadas directamente con el cuentagotas debajo de la lengua.

**Frecuencia**: Puede ser de 5 a 10 veces por día, o aún más. Lo más importante es tener presente que se puede aumentar la frecuencia o cantidad de veces, y aun de noche, pero no aumentar la cantidad de gotas, porque no agrega efectos.

**Horario**: Por lo general, la primera dosis se toma al despertar y la última al ir a dormir. Las otras dosis deben ser uniformemente repartidas al largo del día y siempre deben ser tomadas lejos de las comidas.

Las **precauciones** para la conservación de estas esencias son unas pocas, a saber:

- Mantener el producto en lugar fresco y alejado de luz intensa.

- Tratar de evitar contacto de la lengua o boca con el gotero.

- Para preparar el producto diluido, obtener un frasco de vidrio apropiado o plástico, en cualquier farmacia, ya esterilizado. De no estarlo, hervirlo por espacio de 12 minutos.

La **fecha de vencimiento** es prolongada debido a una poca cantidad de base alcohólica para el sostenimiento. Si el producto está bien conservado, su vencimiento es de 15 meses, pero si se descuida este detalle, suele durar menos de la mitad.

En este caso de *healing* o *self-healing*, los resultados de tal recurso terapéutico suelen no ser apreciados en modo muy inmediato; casi siempre toman algunas semanas, como sucede con la mayoría de las terapias naturales y alternativas.

Las esencias vegetales amazónicas quizás lleguen, en algún futuro, a ocupar un lugar prominente en el *healing* y en la antiquísima nueva medicina.

El entero comentario que antecede sirve para tipificar la naturaleza y sobre todo la aplicación práctica de las esencias vegetales amazónicas. Pero hay aún otras más, que merecen ser comentadas específicamente.

## TINTURAS–MADRE DE USO DIRECTO.

Se está haciendo referencia a los extractos más concentrados disponibles a los efectos del *healing* y cualquier medicina en general. Se hará referencia a dos en particular, por ser dignos de mención.

### a) Guaraná Real

El Guaraná es un producto muy popularizado, sobre todo en toda la zona que comprende el trópico y subtrópico sudamericano. Se obtiene en variadísimas presentaciones, ya sea en polvo, diluido y concentrado, cada uno de ellos no siempre elaborado con riguroso control y precisión.

El Guaraná que se elabora a partir de la semilla de la planta del mismo nombre y que se cultiva a una altura de 800 a 1.500 metros sobre el nivel del mar, en las sabanas del Pirassutininga-Xoxum, Estado de Rondônia (Brasil), es el que ha recibido el nombre de Guaraná Real, por su máxima pureza.

Esta tintura madre se suele administrar en casos de carencia de energía vital y adecuado dinamismo; se aplica irrestrictamente en cualquier sexo y edad, sin existir contraindicación alguna. Típicamente los adultos emplean 3 dosis diarias, cada una de 15 gotas, mezcladas en una cucharada de agua, distantes de las comidas. Los niños menores de 12 años pueden reducir la dosis a la mitad (8 gotas cada vez, 3 veces al día).

Este magnífico producto, que ayuda a restablecer la plena energía, es potencializado con campo magnético de 6,4 Hz, 9.000 Gauss, 36.000 Mx; microondas de la banda SHF; láser de rubí, electrificación de 2.600 V con dos electrodos, uno de estroncio y otro de platino.

## b) Catuaba Regia.

Esta tintura-madre esencial es un extracto de la cáscara y raíz, que se encuentra únicamente con tal nombre de Catuaba Regia en la zona limítrofe colombo-brasileña, llanos orientales de Apicucuera, Vaupés, Amazonia.

No existen restricciones de sexo y edad para el uso de este formidable producto, que es un grandísimo vivificador y hasta regenerador del sistema nervioso y, en largos tratamientos, también de la potencia sexual.

Esta tintura madre, al igual que en el caso del Guaraná Real, puede ser potencializada con recursos propios de la BPE, que para el caso serán: estacionamiento con sustancias coloidales por un mínimo de 6 meses, trenes de microondas de la banda centimétrica, exposiciones Geiger-Müller y 192 descargas piezoeléctricas con turmalina.

La Catuaba Regia puede fácilmente manchar la ropa; tomar precauciones.


Por ser similares los datos, cuanto sigue es válido para la Catuaba Regia como para el Guaraná Real. Las dosis son de 15 gotas, 3 veces al día, lejos de las comidas; en el caso de niños, la mitad de la dosis.

Conviene conservar el producto en lugar fresco y oscuro y agitar el frasco varias veces antes de cada uso.

El lector habrá apreciado la mención destacada de estas dos tinturas-madre junto con las esencias vegetales amazónicas. Quizás en un día no lejano, den mucho más que hablar a la luz de los sorprendentes resultados que se han obtenido, si bien antes prácticamente desconocidos fuera del nivel casi tribal de cultivo y empleo.

# Cap. VI

# CAMILLA ELECTROMAGNÉTICA

La medicina electromagnética puede definirse como el empleo de la electricidad y magnetismo en todos los aspectos de orden terapéutico. En tal sentido, esta forma de la medicina resulta incomparablemente más antigua, por ejemplo, que la alopatía y la quimioterapia, que aún hoy en día constituyen la cabeza de la ciencia médica oficial.

Un fenómeno magnético siempre va asociado a otro eléctrico y también a un movimiento, y este ternario se cumple permanentemente. Por lo tanto, lo que ahora se emplea con los nombres de electromedicina o electroterapia son siempre, en esencia, procedimientos electromagnéticos.

El mecanismo de acción puede resumirse en todos los casos como sigue: cuando un magneto, en el caso que nos ocupa, es aplicado sobre el cuerpo humano, su energía pasa a través de las células y tejidos y se producen corrientes secundarias por inducción. Cuando estas corrientes inducidas interactúan con otras fuerzas magnéticas, el impacto sobre los electrones de las células del organismo libera calor. Por inducción magnética es generada una corriente eléctrica, que estimula y facilita nuevos estímulos en prácticamente todo el sistema nervioso.

Por consiguiente, un campo magnético adecuado y suficiente puede ejercer una influencia directa sobre todo el organismo, a través del sistema nervioso.

En tanto que en la alopatía y medicina farmacológica existen seguramente varios miles de productos, en la medicina electromagnética el principio activo o "producto medicinal" es la energía del cuarto estado. Pero más aún, si se trata de campos electromagnéticos, el principio activo es simplemente la inducción o líneas de fuerza que traspasan en forma sutil y casi siempre inconsciente el organismo del sujeto.

Haciendo un poco de historia, el autor de este libro, a poco de haber fundado el Instituto de Biopsicoenergética de la Argentina en Buenos Aires, diseñó y elaboró un equipo precisamente dirigido a la investigación. Este equipo fue denominado camilla electromagnética y pretendía investigar y comprobar la existencia de la frecuencia de resonancia del campo bioplásmico.

Muchos distinguidos investigadores habían hallado interesantes valores a partir de la resonancia teórica del planeta, situada en 7,5 Hz, entre otros: 10,6 Hz - 18,3 Hz - 25,9 Hz (Schumann); 7,8 Hz - 14,1 Hz - 20,3 Hz - 26,4 Hz - 32,5 Hz (Toomey y Folk). Estos datos presentan el hecho muy interesante de que casi todos los valores corresponden a frecuencias muy bajas.

El autor halló, por su lado, el valor de 6,3 - 6,4 Hz, que fue el empleado para construir dicha camilla. También se utilizaron varias otras frecuencias armónicas superiores. Más exactamente, esta camilla sería un estimulador electro-geomagnético, por reproducir la frecuencia de resonancia geomagnética, y se la describirá con la ayuda de la **figura VI-1**.

**Figura VI-1A**: Es la ilustración esquemática de una bobina en forma de electroimán, con un devanado en forma de arrollamiento, que va conectado a la fuente de suministro eléctrico. Cuando este electroimán es conectado, circula una corriente por la bobina que induce un campo magnético en el núcleo ferroso, que se tiene en los extremos o polos del electroimán, que corresponde a la intensidad y frecuencia de la energía eléctrica aplicada.

En la camilla electromagnética se disponen varios de estos electroimanes.

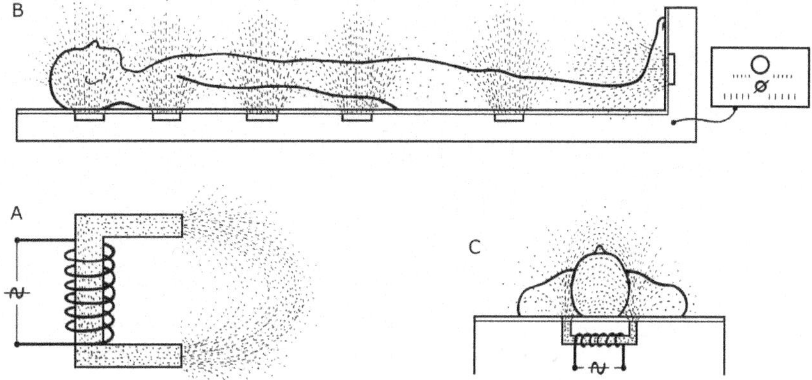

**Fig. VI-1:** *Camilla electromagnética*

**Figura VI-1B**: Se tiene el diagrama de un sujeto descansando relajadamente sobre una camilla con diversos electro-imanes o bobinas electromagnéticas, situadas conveni-entemente como para abarcar todo el cuerpo.

La camilla puede ser de cualquier material común no magnético (por ejemplo madera), de poco espesor, y un acolchado también de poca altura, a fin de mantener una distancia pequeña entre cada electroimán y el cuerpo del sujeto.

Si bien el número de electroimanes puede ser cualquiera, en la práctica se vio que 6 eran suficientes para influir sobre todo el organismo. En la misma figura se puede ver un electroimán en correspondencia con la zona cervical, y también así otros similares influyendo en las zonas que se corresponden con el área dorsal de la columna, área lumbar y zona sacra, ídem, ídem; otro influyendo en la zona de articulación de las rodillas y un último influyendo en las zonas de plantas de pies.

Los tamaños físicos y dimensiones de los electroimanes pueden ser variables, para acomodarse a las dimensiones anatómicas de cada punto donde van instalados.

La sección de las piezas polares es del orden de los 10 cm² y las inducciones en los equipos originales fueron establecidas con 3 valores de intensidad: 200, 500 y 1.000 Gauss.

También se dispuso un 7º electroimán, móvil, para ser aplicado en cualquier parte necesaria o aconsejable.

La caja de control, que se tiene en la misma figura, sirve para comandar todas las funciones del equipo; se puede utilizar un electroimán, varios o todos, y también seleccionar para cada uno la inducción apropiada (o sea, la cantidad de Gauss). La frecuencia se obtiene por medio de un oscilador de frecuencia variable (OFV), ajustable entre los 4 y 10 Hz, rango que incluye y excede ampliamente el de la frecuencia de resonancia del valor hallado por el autor.

**Figura VI-1C**: Constituye un diagrama complementario, que hace ver una vista en sentido axial, con el sujeto recostado y un electroimán apoyado en lo que es la tapa de la camilla. En efecto, las piezas polares del electroimán van colocadas en modo tal que satisfagan la condición de la figura, quedando así bien cerca del cuerpo del paciente o sujeto prestado para la investigación.

Esta camilla electromagnética también posee un medidor visual, consistente en una pequeña bobina con bombilla eléctrica, tipo linterna. Cuando la camilla está conectada, pasando dicho sensor sobre el sujeto recostado, se aprecia cómo la bombilla se enciende con variada intensidad, indicando a la vez la penetración y traspaso de la energía de los electromagnetos a través de todo el cuerpo del paciente.

Este modelo de camilla electromagnética se halla dotado de conformadores de ondas, que permiten además aplicar, según sea necesario, energía electromagnética ya sea de forma senoidal, cuadrada o dientes de sierra, en consonancia con lo expuesto en el tomo II de BPE, Cap. V, apartado "Influencias de las radiaciones generadas en el cuerpo etérico".

Las primeras camillas electromagnéticas fueron construidas en 1974 y aplicadas a partir de tal año en Buenos Aires. En los años siguientes fueron sucesivamente encargadas y construidas otras para Mar del Plata (Argentina), São Paulo y Bragança Paulista (Brasil), Cali (Colombia) y Miami (USA).

En la fase aplicativa, y a los fines del *healing* y *self-healing*, el autor rediseñó la camilla y actualmente elaboró un **Módulo Electromagnético Móvil (MEM)**, fácilmente transportable, similar al electrodo móvil comentado hace poco y que permite su aplicación zona por zona, en cualquier parte del cuerpo. Puede producir campos alternos o bien pulsantes, de media onda y onda completa.

# Cap. VII

# MISCELÁNEA

En este penúltimo capítulo se incluyen variados temas que forman parte esencial del *healing* y *self-healing* y otros que están conectados íntimamente.

El lector atento sabrá conceder a cada sección el tiempo y consideración merecidos; este capítulo, dedicado a miscelánea, no deberá suponerse que esté compuesto de materia de valor secundario, sino todo lo contrario.

Con este breve preámbulo se entra al material que corresponde a cada sector, para tratar de cubrir la mayor parte posible de la gran paleta del *healing* y *self-healing*, siempre conforme a la Biopsicoenergética.

## AGUA MAGNETIZADA

Si el geomagnetismo es la energía terrestre más antigua, el agua magnetizada (o *"magnetic water"*, en los Estados Unidos) también, de hecho, lo es.

En un sentido general, se acepta este axioma: Si el biomagneto representa la mano derecha del *healer*, la mano izquierda la constituye el agua magnetizada. Todo cuanto se precisa para obtener agua magnetizada es un contenedor de capacidad oportuna y un BM de muy alta o ultra alta densidad; a los efectos prácticos, conviene que sea con un valor de inducción de más de 1.500 Gauss.

El agua magnetizada puede ser con un solo polo, o bien con ambos. En el primer caso se tendrá agua magnetizada Norte (AMN), o bien agua magnetizada Sud (AMS); en cambio, cuando se quiere tener un agua magnetizada con los dos efectos, se procede a fin de tenerse agua magnetizada N-S, abreviadamente AMNS.

El agua a emplearse bastará con que sea potable, o sea, la que tiene el tratamiento común y que también se llama agua corriente. También puede emplearse algún tipo de agua mineral sin gas, de variada procedencia, siempre y cuando sea confiable. No se aconseja el uso de agua destilada por no ser precisamente natural, sino un producto industrial obtenido por evaporación y condensación.

Lo que concretamente sucede con la magnetización del agua es un **cambio en el valor de la tensión superficial**, que es una medida en dinas y que representa una fuerza en el sistema cegesimal (C.G.S.).

En experiencias hechas con una variada cantidad de fuentes de agua potable, provenientes de diferentes puntos, se ha podido comprobar en todos los casos un cambio del valor de la tensión superficial, que comienza a notarse a partir de 1 minuto de tratamiento y hasta 1 hora o más. La tensión superficial de agua magnetizada con el polo N, o sea AMN, asume un valor de 3,6 unidades con respecto a otra muestra no tratada. Realizando lo mismo con el polo Sud, el efecto es contrario, vale decir que luego de 1 hora de tratamiento se alcanza un valor de -4,3. En síntesis, un agua tratada para obtener AMN aumenta la tensión superficial, en tanto que cuando se procede a obtener AMS, bajo las mismas condiciones, disminuye la tensión superficial.

Diferentes fuentes de provisión de agua potable produjeron algunas variaciones respecto de los valores señalados, pero al parecer lo más importante es la variación y medición objetiva de esta magnitud. Las experiencias en esta materia son debidas al Dr. Albert Roy Davis, infatigable investigador, empleando un BM unipolar para cada caso y para un volumen de 500 ml de agua.

En definitiva, el AMN inhibe la germinación y crecimiento en tanto que la AMS estimula y acelera los mismos procesos. También se ha evidenciado que la magnetización por más de 1 hora no ha producido grandes cambios; pero también es cierto que, con valores de inducción mucho mayores, el nivel de saturación puede variar en mucho mayor medida.

Los BM utilizados por el Dr. Roy Davis, y detallados en la obra "The Magnetic Blueprint of Life" (Acres U.S.A - Missouri), son de 1.000 Gauss, en tanto que el autor utiliza BM de inducción doble o mayor.

Proceso: En la **figura VII-1** se tiene un contenedor con una capacidad aproximada de 1 litro, colmado de agua potable, pudiendo ser el envase de vidrio o material plástico.

Se aprecia dicho contenedor o botella apoyado en el ejemplo sobre el polo Sud, o sea, que se busca obtener AMS (o AM+). El tiempo de saturación oscila entre 6 y 8 horas para un BM de 4.000 a 5.000 Gauss. El efecto dura entre 24 y 72 horas y el agua así magnetizada puede ser mantenida en refrigerador y también hervida.

**Muy importante:** Mientras dure el proceso de magnetización y hasta media hora después de cumplido el lapso, conviene que el envase esté destapado para permitir la liberación de posibles impurezas.

En la misma **figura VII-1** se tiene otro BM con un par de vasos apoyados sobre el polo negativo del BM, hecho que permite producir ahora AMN. Valen exactamente las mismas indicaciones ya dadas.

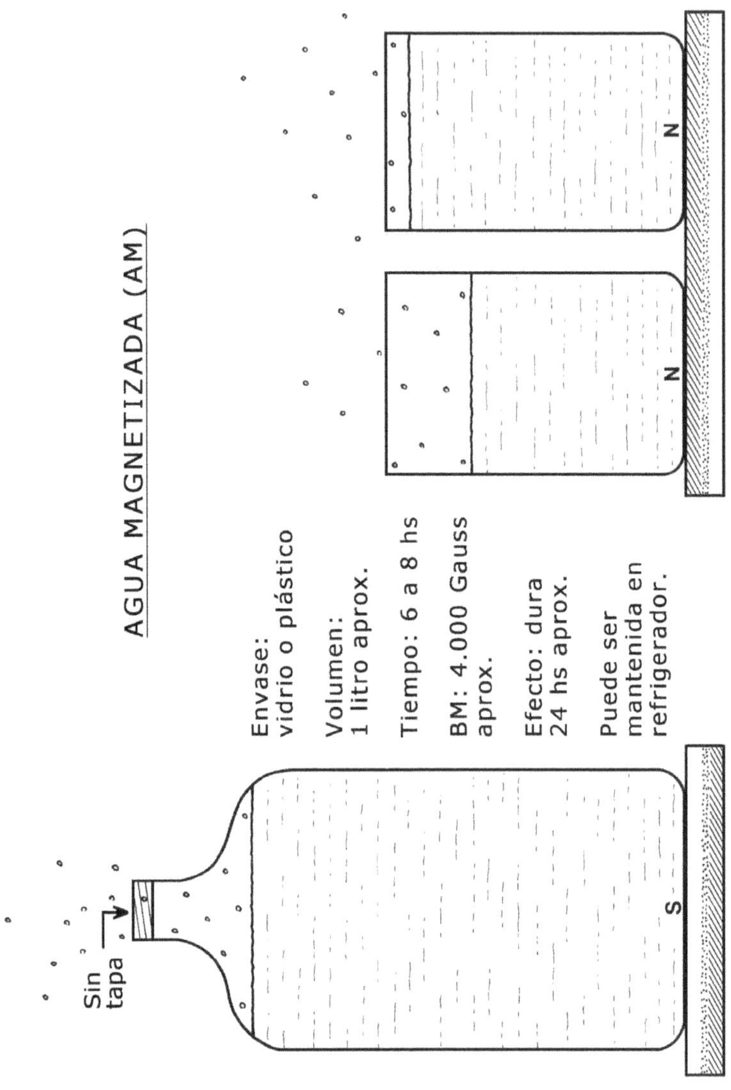


**Fig. VII-1:** *Tratamiento magnético del agua*

# AGUA MAGNETIZADA (AM)

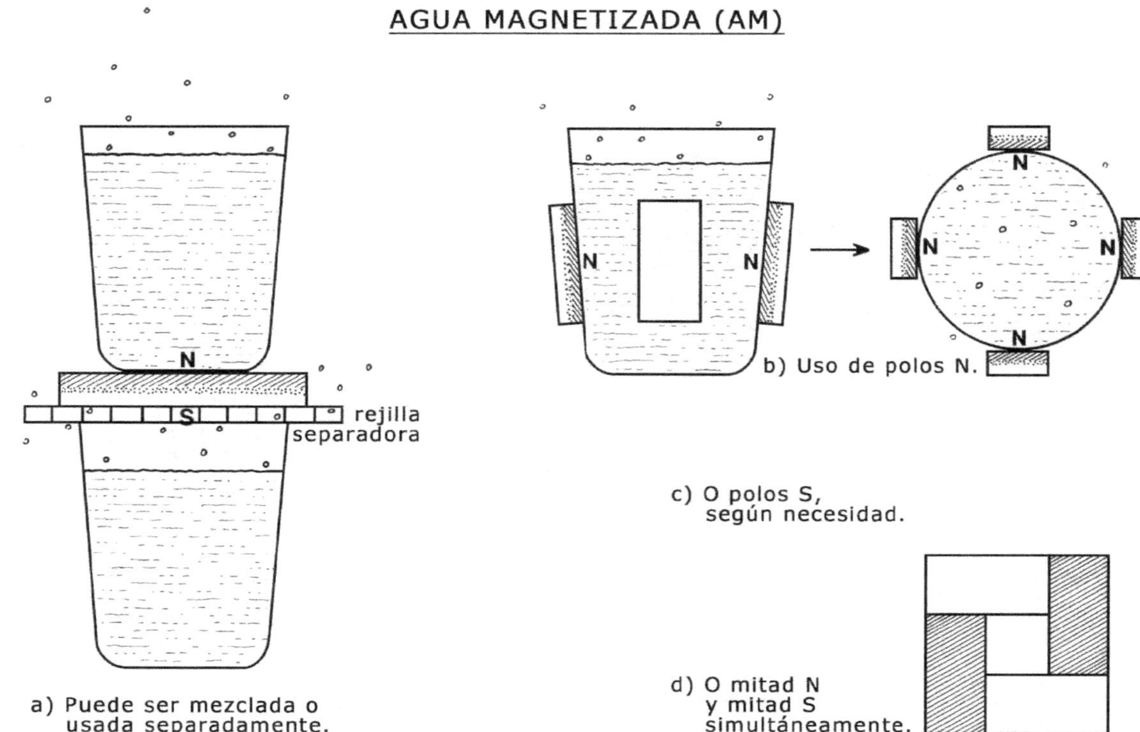


**Fig. VII-2:** *Tratamiento magnético del agua*

**Figura VII-2A**: En el lado izquierdo se tienen 2 vasos apoyados uno sobre el otro, con una rejilla separadora y un BM que actúa sobre ambos simultáneamente. Se tienen, al final del proceso, los dos tipos de agua magnetizada: AMN en el vaso superior y AMS en el inferior. Estos dos tipos de AM pueden ser mezclados o usados separadamente.

En la **figura VII-2B** se tiene un vaso o recipiente con 1 o más BM. En el ejemplo concreto se han colocado 4 BM de tipo dominó, con la cara Norte o negativa para producir AMN; sobre el lado derecho se tiene la misma figura vista de arriba, que permite hacer ver los mismos BM tipo dominó.

El ejemplo dado permite demostrar prácticamente la muy sencilla manera de preparar AM, y en el caso que se quiera producir AMS, se invierten sencillamente los polos de cada BM dominó en manera tal de producir AMS, AM+ o AM roja, como quiera llamársela (**VII-2C**).

En la **figura VII-2D** se ilustran 4 BM tipo dominó, que se unen en forma espontánea cuando se les aproxima, para formar un conjunto que permite preparar AM de los dos polos en forma simultánea; en tal caso se apoya el vaso o recipiente de 500 ml aprox. por un lapso de unas 8 horas.

Resulta muy saludable y conveniente beber a diario una buena cantidad de agua magnetizada; por lo menos 1 litro, consumiéndola progresivamente.

El AMS siempre va asociado con la carga, estimulación o polaridad roja; es útil beber AMS cuando la persona se halla débil. En cambio, el AMN es muy útil para la catarsis, eliminación de excesos, grasas, etc., y es la que se equivale con el polo negativo o azul de un BM.

El autor recomienda vivamente la ingestión de agua magnetizada, generalmente AMN, ya sea como profilaxis rutinaria y preventiva, como también acompañando cualquier tipo de *healing*. En realidad, es casi siempre más utilizada el AMN que el AMS, pero siempre debe atenderse al criterio de necesidad para luego proceder a la preparación del tipo que sea necesario. También es dable que una persona, sin particulares necesidades, beba AM doble, vale decir magnetizada con ambos polos.

## TAPETE BIOMAGNÉTICO

Los avances de la moderna ciencia aplicada y la tecnología van permitiendo paulatinamente —si bien en forma lenta— una mayor disponibilidad de material biomagnético tipo laboratorio. Tal es el caso de materiales especiales, con los cuales se elaboran discos BM para fabricar tapetes biomagnéticos.

La fabricación de un tapete es bien simple y totalmente artesanal; está ilustrada en la **figura VII-3**.

Estos discos especiales poseen una inducción de unos 800 Gauss y el tapete típico consiste en un módulo cuadrado de 60 cm de lado, con 7 hileras de BM, o sea, un total de 49 piezas. Naturalmente, se pueden fabricar de diferentes medidas, si es necesario o deseado.

Se aconseja proceder así:

- Colocar un género de color rojo como base.

- Disponer los BM uniformemente distanciados, en 7 hileras de 7 BM cada una. Colocar todos ellos con la cara roja apoyada contra el género del mismo color.

- Colocar un género de color azul, de la misma medida que el rojo, como si fuera una tapa.

- Con todo lo hecho anteriormente, se tienen los BM en medio de 2 tapas de género, que coinciden en sus colores con los polos de cada cara.

- Coser el tapete en los 4 costados y también muy prolijamente en cada fila y columna, en modo tal que no exista la posibilidad de quedar algún BM flojo, como para poder darse vuelta.

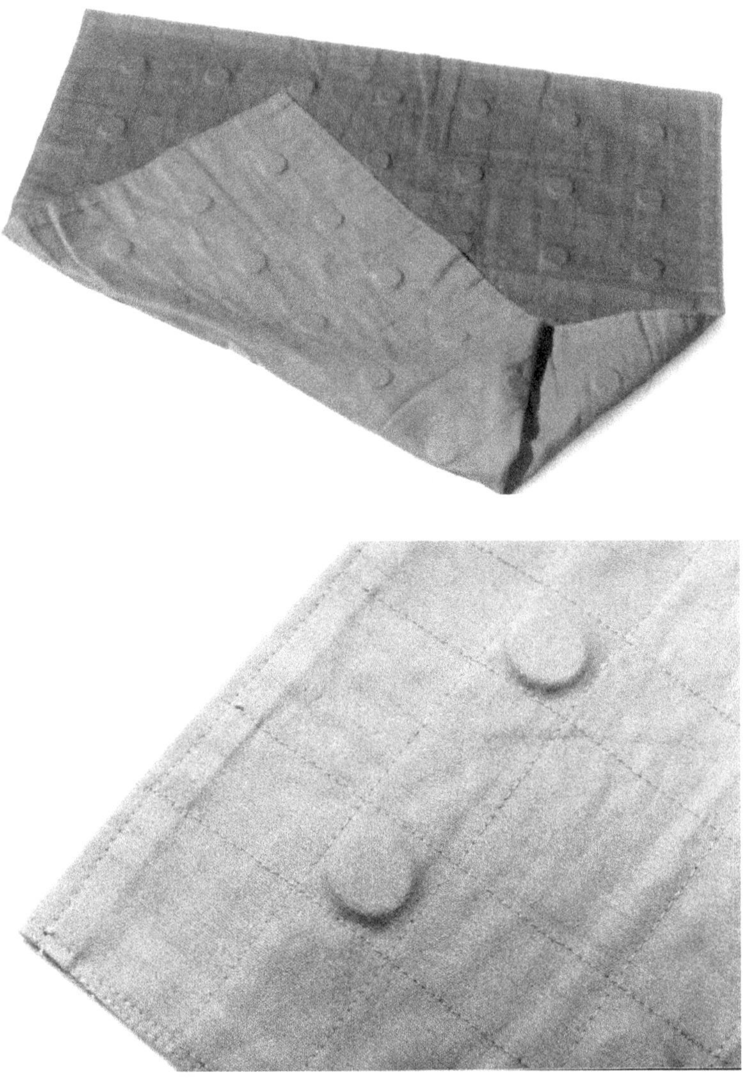

**Fig. VII-3:** Tapete biomagnético

Huelga decir que el género puede ser de cualquier tipo y los colores también pueden variar a gusto del usuario, pero los indicados permiten reconocer la polaridad a simple vista y colocar el tapete del lado que convenga.

Para una persona adulta son necesarios 3 de estos tapetes para cubrir cómodamente todo el cuerpo, excepto que se quiera utilizar en un sector solamente.

Los tapetes BM se pueden utilizar a diario y en modo permanente, pero nunca las 24 horas, sino un máximo de 10 horas por día. En el caso de personas que guardan cama, conviene retirarlos según lo aconsejado.

El tapete BM no es únicamente para gente enferma, sino un excelente recurso natural que cortocircuita y anula componentes nocivas de las ondas de Hartmann, y además induce a un relax y sueño reparador, apoyando el cuerpo sobre el lado azul, o sea, el polo negativo del tapete. Con un uso prolongado se favorece la eliminación de grasas, líquidos y pérdida de peso.

En algunos casos se ha aconsejado el empleo del polo positivo, vale decir dormir sobre el lado rojo del tapete. Indudablemente que esto es muy útil para personas convalecientes, que necesitan recuperar el normal tono vital y la energía nerviosa. No obstante, el uso de la cara positiva del tapete será siempre para estos casos de debilidad y por el lapso necesario.

Finalmente, recuérdese que la energía negativa o cara azul del tapete no presenta restricciones; en caso de deber utilizarse el lado rojo del BM (polo +), no emplearlo nunca en la zona de la cabeza, para eliminar potenciales problemas.

Importante aclaración: Si se quiere facilitar enormemente la elaboración del tapete, lo fundamental es seguir el siguiente orden:

- Colocar el género rojo de base.
- Marcar con un lápiz o lapicera cada punto donde irá un BM.

- Colocar en cada punto, bien centrado, 1 BM con un adhesivo o pegamento cualquiera, a los fines de impedir que se toquen y peguen entre sí.

- Continuar todo igual, colocando como tapa el género azul, etc., etc.

## USO DEL POLO SUD PARA EL DIAGNÓSTICO

Sí, se está ahora haciendo referencia al empleo de la energía positiva, o sea, el polo Sud o rojo de un BM; pero es únicamente a los efectos de diagnóstico (*dowsing*). Lo que hace falta es un BM de tipo cilíndrico de ultra alta densidad, vale decir, de más de 3.000 Gauss. Puede servir una barra pequeña de unos 10 cm.

Para hacer la detección, se debe colocar al sujeto en estudio cómodamente relajado en una camilla común (nunca en un tapete BM, porque cambiaría los resultados). Dejar que el sujeto se relaje por pocos minutos y aun tratar que coloque brazos extendidos y manos bajo las caderas, para mayor comodidad.

Tratando de no tocar ni mover al paciente fuera del mínimo imprescindible, comprobar primero que ambos pies queden iguales, colocándolos sencillamente uno junto al otro, siempre con el sujeto relajado. De no estar exactamente iguales, ello indicará seguramente un desequilibrio en algún riñón.

Seguidamente, y aunque estén ambos pies iguales, colocar el polo positivo del BM apoyado contra el riñón derecho, por ejemplo, por espacio de 1 minuto. Si se nota alguna reacción o molestia por parte del paciente, esto indicará un problema en tal órgano. Después, hacer lo mismo con el otro riñón y observar qué acontece.

Así sucesivamente se hará similar prueba, siempre aplicando el polo Sud (rojo) en contacto con los principales órganos: en cada ovario, útero, próstata, testículos, hígado, vesícula, bazo, páncreas, en cada suprarrenal, timo, tiroides, etc. **Nunca colocar en la zona de la cabeza**.

Se comprende que este test o prueba requiere cierto tiempo y tranquilidad, para poder valorar los efectos. Después de todo el test y habiéndose anotado paso a paso las posibles reacciones, proceder a aplicar el *healing* biomagnético, conforme sea necesario.

En cuanto al uso de la energía positiva de un BM en el tratamiento de disfunciones y siempre a título educacional, se dan ejemplos y prácticas en el seminario de *Healing-VII* en manera directa.

## PULSARES

Trátase de pequeños equipos en forma de generadores electrónicos, que por su tamaño pueden llevarse, por ejemplo, sobre el pecho y aun bajo las ropas.

Estos aparatos producen señales sutiles de unos 18 Hz, de una intensidad tal que no percibe el usuario.

Los pulsares producen pulsos de energía negativa (Norte) y, según se relata en unos muy pocos tratados, parecen ser asombrosos en cuanto a la energía y mayor resistencia que movilizan. En uno de tales comentarios, por ejemplo, se cita que el usuario ascendió sin dificultades al Monte Shasta (USA), mientras que antes nunca había gozado de tal dinámica.

Indudablemente, este orden de frecuencia está dentro de la región en la cual realizaron investigaciones y descubrimientos Schumann, Toomey y Folk, entre otros, si bien este grupo lo hizo con radiaciones referidas a las capas de Van Allen.

Al presente, el autor continúa a la búsqueda de referencias confiables y responsables sobre estos equipos, máxime que ya gozan de alguna popularidad en ciertos medios, donde se venden y aun rentan. Las actualizaciones sobre los pulsares serán dadas directamente en los seminarios.


## *KHULI-NETI*

En su traducción literal del sánscrito significa *neti* anal. Una pronunciación tentativa en español es "*Kiüli-Neti*". En la India se lo conoce con el nombre de *Jala Basti*.

El Prof. Eugenio Soriani, distinguido buscador y amigo personal del autor, sostenía rotundamente que todos los males y enfermedades del organismo se originan en el sistema digestivo.

El autor ha ido coincidiendo cada vez más con esta sentencia, que está directa e íntimamente relacionada con dos aspectos de una misma realidad: **lo que se ingiere** y **lo que se elimina**. Tan importante es esta materia, que prácticamente define y decide no sólo la salud, sino hasta la misma calidad de vida de la persona.

Aquí se tratará ahora del segundo aspecto, o sea, la eliminación de las heces intestinales.

Cualquier escuela de medicina sostiene y coincide con las demás en que normalmente el movimiento intestinal se realiza entre 12 y 16 horas a partir de la ingesta. Condiciones anómalas de diferente grado, que se tienen en la vida moderna, llevan el lapso de normalidad a 24 horas o más, y no faltan incluso médicos que afirman que cada persona tiene su propio ritmo y algunas evacúan a diario o bien cada 2 días y aún más.

Resulta elemental que, pasado el lapso natural indicado arriba (16 horas máximo), se inician las putrefacciones, las constipaciones, los bloqueos del colon de diferente grado y, finalmente, la nada simpática proporción del 95% del cáncer de colon que se tiene en el sigmoideo, o sea, donde finaliza el colon descendente, por el excesivo depósito y estacionamiento de las heces.

En las culturas antiguas esta higiene fue siempre altamente atendida, a partir de India, Egipto y Grecia, y aun existe un documento extraído de enseñanzas en lengua esenia, dadas por Jesús a sus discípulos.

En la India esta higiene se practica a diario en manera bastante generalizada por la realización del *Jala Basti*. Esto consiste en dos etapas: la primera es la absorción de agua por vía anal, educando los esfínteres; la segunda es expulsando el agua absorbida en el paso anterior.

Los indianos, que forman actualmente una masa de 900 millones de habitantes, y sobre todo los practicantes de yoga, realizan el *Jala Basti* al aire libre y comúnmente en el río Ganges, de valor sagrado para los mismos.

En las enseñanzas de Jesús, dadas en esenio, el mismo prescribía el uso de un tubo hueco para esta higiene, introduciéndose agua para igual cometido.

El autor considera de gran importancia volcar en esta edición la versión exacta y textual, extraída de la obra **"El Evangelio de los Esenios"**, traducida directamente del arameo por el Dr. Edmond Bordeaux Székely[6], presidente de la Sociedad Biogénica Internacional de Costa Rica, escrita en el año 1937. Puntualmente trátase de las enseñanzas dictadas por Jesús El Cristo, tal como fueron anotadas por su discípulo Juan. Favor de

---

[6] Editorial Sírio S. A., Málaga (España), 1978.

El Dr. Székely, en el mismo año 1937, en Londres, hace la siguiente afirmación: "Es una gran responsabilidad anunciar que el Nuevo Testamento actual, base de todas las iglesias cristianas, está deformado y falsificado. Pero no hay religión más elevada que la verdad."

Resulta muy interesante añadir que la última parte de la afirmación anterior consiste de las exactas palabras del lema de la Sociedad Teosófica Internacional, fundada por Helena Petrovna Blavatsky en la ciudad de Nueva York, el 17 de noviembre de 1875.

entender que el lenguaje del fundador del Cristianismo fue alegórico, pero totalmente válido, como sigue:

"No penséis que es suficiente que el ángel del agua os abrace sólo externamente. En verdad os digo que la inmundicia interna es, con mucho, mayor que la externa. Y quien se limpia por fuera, permaneciendo sucio en su interior, es como las tumbas bellamente pintadas por fuera, pero llenas por dentro de todo tipo de inmundicias y de abominaciones horribles. Por ello, en verdad os digo, que dejéis que el ángel del agua os bautice también por dentro, para que os liberéis de todos vuestros antiguos pecados y para que asimismo internamente seáis tan puros como la espuma del río jugueteando a la luz del Sol.

Buscad, por tanto, una gran calabaza con el cuello de la longitud de un hombre; extraed su interior y llenadla con agua del río caldeada por el Sol. Colgadla de la rama de un árbol, arrodillaos en el suelo ante el ángel del agua y haced que el extremo del tallo de la calabaza penetre vuestras partes ocultas, para que el agua fluya a través de todos vuestros intestinos. Luego, descansad arrodillándoos en el suelo ante el ángel del agua y orad al Dios vivo para que os perdone todos vuestros antiguos pecados; y orad también al ángel del agua para que libere vuestro cuerpo de toda inmundicia y enfermedad. Dejad entonces que el agua salga de vuestro cuerpo, para que se lleve de su interior todas las cosas sucias y fétidas de Satán. Y veréis con vuestros ojos y oleréis con vuestra nariz todas las abominaciones e inmundicias que mancillaban el templo de vuestro cuerpo; igual que todos los pecados que residían en vuestro cuerpo, atormentándoos con todo tipo de dolores. En verdad os digo que el bautismo con agua os libera de todo esto. Renovad vuestro bautismo con agua todos los días durante vuestro ayuno, hasta el día en que veáis que el agua que expulsáis es tan pura como la espuma del río. Entregad entonces vuestro cuerpo a la corriente del río y, una vez en los brazos del ángel del agua, dad gracias al Dios vivo por haberos librado de vuestros pecados. Y este bautismo sagrado por el ángel del agua es el renacimiento a la nueva vida. Pues vuestros ojos verán a partir de entonces y vuestros oídos oirán. No pequéis más, por tanto, después de vuestro bautismo, para que los ángeles del aire y del agua habiten eternamente en vosotros y os sirvan para siempre.

Y si queda después dentro de vosotros alguno de vuestros antiguos pecados e inmundicias, buscad al ángel de la luz del Sol. Quitaos vuestro calzado y vuestras ropas y dejad que el ángel de la luz del Sol abrace todo vuestro cuerpo. Respirad entonces larga y profundamente para que el ángel de la luz del Sol os penetre. Y el ángel de la luz del Sol expulsará de vuestro cuerpo toda cosa fétida y sucia que lo mancille por fuera y por dentro. Y así saldrá de vosotros toda cosa sucia y fétida, del mismo modo que la oscuridad de la noche se disipa ante la luminosidad del Sol naciente. Pues en verdad os digo que sagrado es el ángel de la luz del Sol, quien limpia toda inmundicia y confiere a lo maloliente un olor agradable. Nadie a quien no deje pasar el ángel de la luz del Sol podrá acudir ante la faz de Dios. En verdad que todo debe nacer de nuevo del Sol y de la verdad, pues vuestro cuerpo se baña en la luz del Sol de la Madre Terrenal, y vuestro espíritu se baña en la luz del Sol de la verdad del Padre Celestial.

Los ángeles del aire, del agua y de la luz del Sol son hermanos. Le fueron entregados al Hijo del Hombre para que le sirviesen y para que él pudiera ir siempre de uno a otro.

Sagrado es, asimismo, su abrazo. Son hijos indivisibles de la Madre Terrenal, así que no separéis vosotros a aquellos a quienes la tierra y el cielo han unido. Dejad que estos tres ángeles hermanos os envuelvan cada día y habiten en vosotros durante todo vuestro ayuno.

Pues en verdad os digo que el poder de los demonios, todos los pecados e inmundicias, huirán con presteza de aquel cuerpo que sea abrazado por estos tres ángeles. Del mismo modo que los ladrones huyen de una casa abandonada al llegar el dueño de ésta, uno por la puerta, otro por la ventana y un tercero por el tejado, cada uno donde se encuentra y por donde puede, asimismo huirán de vuestros cuerpos todos los demonios del mal, todos vuestros antiguos pecados y todas las inmundicias y enfermedades que profanaban el templo de vuestros cuerpos. Cuando los ángeles de la Madre Terrenal entran en vuestros cuerpos, de modo que los señores del templo lo posean nuevamente, entonces huirán con presteza todos los malos olores a través de vuestra respiración y de vuestra piel, y las aguas corrompidas por vuestra boca y vuestra piel y por vuestras partes ocultas y secretas. Y todas estas cosas las veréis con vuestros propios ojos, las oleréis con vuestra nariz y las tocaréis con vuestras manos. Y cuando todos los pecados e inmundicias hayan abandonado vuestro cuerpo, vuestra sangre se volverá tan pura como la sangre de nuestra Madre Terrenal y como la espuma del río jugueteando a la luz del Sol. Y vuestro aliento se volverá tan puro como el aliento de las flores perfumadas; vuestra carne tan pura como la carne de los frutos que enrojecen sobre las ramas de los árboles; la luz de vuestro ojo tan clara y luminosa como el brillo del Sol que resplandece en el cielo azul. Y entonces os servirán todos los ángeles de la Madre Terrenal. Y vuestra respiración, vuestra sangre y vuestra carne serán una con la respiración, la sangre y la carne de la Madre Terrenal, para que vuestro espíritu se haga también uno con el espíritu del Padre Celestial. Pues en verdad nadie puede llegar al Padre Celestial sino a través de la Madre Terrenal. Del mismo modo que un niño recién nacido no puede entender la enseñanza de su padre mientras su madre no le haya primero amamantado, bañado, cuidado, dormido y alimentado. Mientras el niño es pequeño, su lugar está junto a su madre y a ella debe obedecer. Cuando el niño ya ha crecido, su padre le lleva a trabajar al campo a su lado, y el niño regresa junto a su madre solamente cuando llega la hora de la comida y de la cena. Y entonces el padre le enseña, para que se adiestre en los trabajos de su padre. Y cuando el padre ve que su hijo entiende su enseñanza y hace bien su trabajo, le da todas las posesiones para que éstas pertenezcan a su amado hijo y para que éste continúe la obra de su padre. En verdad os digo que feliz es el hijo que acepta el consejo de su madre y lo sigue. Y cien veces más feliz es el hijo que acepta y sigue también el consejo de su padre, pues ya se os dijo: 'Honra a tu padre y a tu madre'. Pero yo os digo, Hijos del Hombre: Honrad a vuestra Madre Terrenal y guardad todas Sus leyes, para que sean largos vuestros días en esta tierra, y honrad a vuestro Padre Celestial para que sea vuestra en los cielos la vida eterna."

En las culturas de oriente medio ha sido el *Tandoor* el aparato adecuado, hasta el punto que la diferencia de rango entre distintas familias era medida por la cantidad y disposición de estos equipos.

En los chinos existieron y existen diferentes recursos para las mismas finalidades.

En el mundo europeo y occidental esto se desconoce en absoluto y cuando no hay respuesta de evacuación, generalmente se procede a "fincar" esperanzas en que ello se produzca al día siguiente...

Siendo los puntos extremos del aparato digestivo la boca y el ano, se continuará con el segundo de ellos.

El procedimiento indiano resulta en la práctica no viable, por no existir ni como educación, ni como herencia, ni tampoco siquiera por referencia en Occidente, y quizás muchísimos lectores tomarán conocimiento de ello por primera vez, al leer estas líneas. Pero existe una solución práctica, simple y accesible, que pone al alcance de cualquiera esta higiene y que elimina cualquier pretexto.

Favor de atenerse a cuanto sigue:

- Obtener, en cualquier comercio apropiado, una manguera flexible, de goma o plástico, de un diámetro aproximado a 12 a 15 mm, y de longitud suficiente.

- Acoplar a un extremo de dicho tubo un adaptador o conector cualquiera, apropiado para toma de agua (**figura VII-4**).

- Conectar dicho extremo a una canilla de agua corriente y el otro extremo lo aplica la persona, que se encuentra cómodamente sentada en el inodoro, apoyándolo en la superficie anal, sin necesidad de tener que introducirlo dentro del orificio, sino simplemente por apoyo (**figuras VII-5** y **VII-6**).

- Dar una moderada fuerza de agua; el líquido penetrará naturalmente por la presión hidráulica, e instintivamente se permitirá la entrada y se operará enseguida la expulsión, varias veces, como se desee, hasta que se expulse sólo agua limpia y no quede ningún vestigio de desechos.

- Al terminar, en lo posible, concédase un minuto de reposo antes de levantarse del inodoro, por cualquier eventual reflujo de líquido.

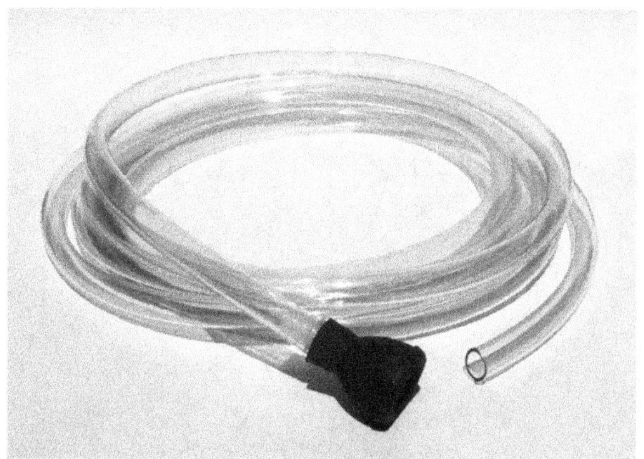

**Fig. VII-4:** *Manguera khulinética*

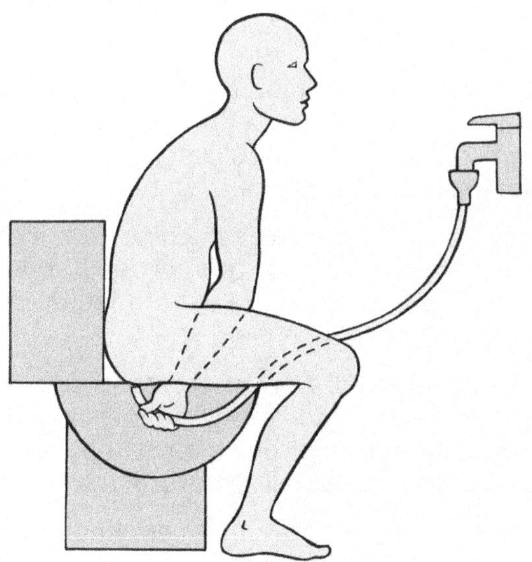

**Fig. VII-5:** *Khuli-Neti*

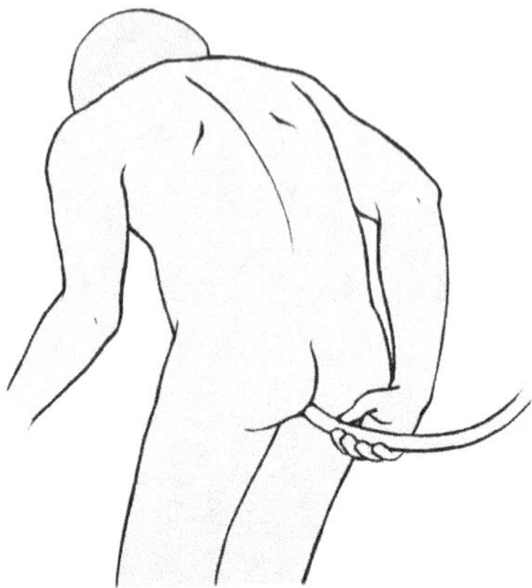

**Fig. VII-6:** *Khuli-Neti*

Todo esto no lleva más que muy pocos minutos. Si se tiene una canilla mezcladora, el Khuli-*Neti* se puede realizar a temperatura del cuerpo (agua tibia).

También se puede hacer una pequeña instalación hidráulica donde está instalada la ducha del baño, con una llave conmutadora (o *diverter*), para poder utilizar el agua para ambas funciones, según sea necesario.

En opinión del autor, el sexo femenino, en manera general, cuida más su higiene íntima que el sexo opuesto, ya que muchas veces, y sobre todo en la cultura latina, esto es tomado con criterio pobre y errado.

Se recuerda que el Khuli-*Neti* no comprende la retención del agua, sino la expulsión inmediata y, además de combatir constipaciones y prevenir el cáncer de colon, también sirve como estimulante y ayuda para provocar el natural movimiento intestinal.

Finalmente, el autor indica que el Khuli-*Neti* puede ser practicado una o más veces por día y **no presenta ninguna contraindicación**.

**Nota:** El autor realiza esta práctica a diario desde inicio del 1952, con éxito total, hace ya 56 años al 2007 [7].

## LAS POLARIDADES BIOELECTROMAGNÉTICAS DE LOS ALIMENTOS

El Prof. Eugenio Soriani seguramente habrá de ocupar un lugar destacado entre los investigadores de la salud y del conocimiento integral del siglo pasado. Él había nacido en la ciudad de Turín, Italia, el 8 de marzo de 1894, llegando a la Argentina en 1926, falleciendo en Buenos Aires el 28 de octubre de 1981. El autor conoció a este distinguido personaje en 1952, manteniendo un continuado trato y amistad hasta el momento de su fallecimiento.

El mismo dictó muchísimas conferencias a lo largo de su dilatada vida y además dejó tres obras de primera calidad, todas escritas en español.

Su último aporte fue el libro "**Las Polaridades Bioeléctricas de los Alimentos**", publicado por cuenta propia en 1970 y en nuestros días republicado por una editorial argentina (Editorial Kier, Buenos Aires). En dicho libro el Prof. Soriani plantea la existencia de un ternario universal de todo lo creado, vale decir, una tripolaridad factible de ser entendida aun en diferentes planos y niveles. En el caso concreto de los alimentos, los clasifica en electropositivos (+), electronegativos (–) y neutros (n) y establece numerosísimos ejemplos, comparaciones y costumbres de diferentes razas y períodos que abonan todo lo expuesto en su interesante libro, que aun a veces presenta ciertos toques de humor.

El autor de este libro, por su lado, simplemente hizo dos cosas:

a) Corroborar las referidas polaridades de cada alimento, a través de la microscopía electrónica, con los siguientes

---

[7] Fecha de la última revisión del libro.

hechos: los ingredientes alimentarios en los cuales el giro vorticial de las partículas subatómicas tiene predominio dextrógiro (+); ídem, donde las partículas poseen movimiento levógiro (–); e ídem, en donde los movimientos son mezclados, o sea, de uno y otro sentido (n).

b) El segundo aspecto fue hacer una denominación más completa, colocando en vez del adjetivo Bioeléctrico el más completo de **Bioelectromagnético**, dada la indisoluble coexistencia de ambas manifestaciones en todo el mundo físico conocido.

Así entonces, con el título de Polaridades Bioelectromagnéticas se entienden tres órdenes de alimentos que, para la conservación de una buena salud y aun como una verdadera "clave de la juventud permanente", como subtitulaba el Prof. Soriani su libro, deben ser escrupulosamente respetadas y observadas a lo largo de toda la vida.

Si bien el Prof. Soriani fue absolutamente vegetariano durante casi toda su vida, al establecer las polaridades de cada alimento lo hizo no sólo con los ingredientes del mundo vegetal, sino también del animal, sus derivados y aun las especies del mundo acuático; esto es, haciendo una clasificación completa y universal.

En todo caso, el lector siempre deberá entender los términos positivo (+), negativo (–) o neutro (n) en sentido absolutamente físico o biofísico. Ningún alimento deberá considerarse como bueno, malo o indiferente, pues esto sería un error, ya que los tres órdenes son necesarios para la vida y la salud normal.

Un apretado resumen de las polaridades bioelectromagnéticas de estos tres grandes grupos es:

- **Electropositivos (+).** Todos aquellos alimentos que poseen su semilla dentro de pulpa. Un ejemplo de ello son las frutas, en general.

- **Electronegativos (–).** Son todos los tubérculos y hojas verdes en general. Como ejemplos pueden citarse: papa, zanahoria, lechuga, espinaca, acelga, cebolla, ajo, etc.

- **Neutros (n).** Son todos aquellos alimentos que contienen la semilla dentro de la cáscara: arvejas secas, porotos, legumbres, etc.

Los anteriores corresponden todos al reino vegetal. En el reino animal también existen las polaridades, como sigue:

- **Electropositivos (+):** la leche y todos sus derivados frescos (manteca, queso, etc., etc.). La miel de abeja fresca, que es como decir que por analogía es como la leche de estos insectos, es también electropositiva.

- **Electronegativos (–):** las carnes de todo tipo de animal de pelo y de pluma, como así los pescados, los crustáceos y cetáceos; unos ejemplos son: carne vacuna, de cerdo, pavo, pollo, etc., camarones, ranas, etc., pescados de todo tipo, etc.

- **Neutros (n):** los huevos de todo tipo.

El lector que haya seguido con atención este tema se dará perfecta cuenta de que puede determinar la polaridad de cualquier alimento aun sin siquiera conocer el nombre del mismo, sino solamente siguiendo las reglas dadas un poco más arriba.

Todos los alimentos poseen el máximo de su polaridad al momento de ser cortados (o sacrificados, según el reino). El potencial de la carga va decreciendo paulatinamente en general y con diferente velocidad en algunos casos, tendiendo al **neutro**, en general luego de unos **30 días**. Lógicamente, todos los alimentos envasados y embutidos han perdido su polaridad original y deben considerarse neutros.

El Prof. Soriani ha establecido la conveniencia de consumir, en una misma refección, alimentos electropositivos y neutros combinados, o bien combinando alimentos electronegativos y neutros.

**Nunca mezclando, en una misma comida, alimentos electropositivos con electronegativos. Ello constituye un cortocircuito y debe ser siempre evitado.**

Se admite, no obstante, hasta un 5% de la polaridad contraria, sin que ello sea una trasgresión.

También existe un momento más oportuno que otro para el comienzo o inicio de esta manera de alimentarse: lo ideal es en cualquier día dentro de la fase lunar llena, y luego continuar el sistema y las reglas durante toda la vida.

Como se observará, el Prof. Soriani, en principio, no ha prohibido absolutamente nada, siendo las reglas de polaridades por sobre todo un **orden** para la adecuada mezcla de ingredientes.

El autor de este libro aportó, por su lado, el importante hecho que el ser humano también posee esta tripolaridad, a partir, por ejemplo, de las propias polaridades de las manos para el ejercicio del *healing*.

Esta tripolaridad puede llevarse por analogía a cualquier nivel y sistema y corresponde siempre a lo creado, como por ejemplo: activo – pasivo – neutro, o bien masculino – femenino – andrógino; llevado a un alto orden religioso, en las mismas tablas de los Diez Mandamientos de Moisés, por ejemplo, los 3 primeros corresponden a la Creación (Ley del Tres), en tanto que los otros 7 corresponden al ser humano (Ley del Siete). El total 3 + 7 constituye la década pitagórica, como ejemplo.

Con las anteriores informaciones el lector puede, si lo desea, iniciarse en un sistema natural, coherente y universal, como lo son las polaridades bioelectromagnéticas de los alimentos. Existen algunos pormenores y detalles que se dan siempre a todos los participantes ya desde el primer nivel en los seminarios que dirige el autor, sea en cuanto al Sistema Isotérico y/o los de *Healing*; o bien, si se prefiere, se puede obtener el arriba indicado libro del Prof. Soriani, publicado por la Editora Kier de Buenos Aires.

Lamentablemente, ya a esta altura no falta algún farsante o inescrupuloso que difunda este tema como descubierto por él mismo. La capital mundial en tal orden —a criterio del autor— es la península itálica, pero con fuertes posibilidades de emulación aquí, en la Argentina.

**Conviene recordar que la polaridad (+ ó –) de todo alimento decrece con el pasar del tiempo, tendiendo a neutro**. Por lo tanto, convienen siempre los alimentos frescos al máximo posible.


## USO DEL LIMÓN EN EL *HEALING* Y *SELF-HEALING*

De esta particular fruta podría decirse que prácticamente todo el mundo la exalta y pondera, pero normalmente es utilizada en proporciones casi de cuenta-gotas.

Dentro de los cítricos, el limón es útil para combatir más de 170 tipos de enfermedades y en muchos casos significa la curación.

A nivel fitoenergético, la radiación del limón es tal que el autor la recomienda como apoyo fundamental para el tratamiento de tumores malignos. El simple hecho de yacer acostado sobre una cantidad de limones, como para poder reposar todo el cuerpo, provee una radiación catártica de primer orden.

Se han escrito incluso artículos previniendo el uso del limón fuera de pequeñas cantidades como aderezo, pero seriamente no ha existido un solo caso hasta el presente, que haya conducido o promovido enfermedad alguna. Los mitos acerca de que el limón destruye los glóbulos rojos, o destruye los blancos (io los dos!), como así también de que "corta la sangre", son absurdos, aún sostenidos por no pocos profesionales de la salud, que prefieren no comprometerse en ningún aspecto.

El autor de este libro, ya desde hace muchos años atrás, realiza dietas depurativas a base de jugo de limón natural recién exprimido, y también lo han practicado algunos de sus colaboradores y personas necesitadas de tal agente curativo, ingiriendo cantidades que algunos calificarían de altamente exageradas.

El limón está asociado energéticamente con el vórtice solar, o sea, de núcleo verde amarillento, y en su acción fisiológica es quizás **el mejor producto natural para la limpieza profunda del sistema circulatorio**.

Si se desea realizar una experiencia, que únicamente podrá devengar beneficios, se dan aquí las fórmulas, como sigue:

- Se tratará siempre del jugo natural de limones, exprimidos en el momento de ser bebidos.

- Utilizar limones jugosos, verde amarillentos y no limones envejecidos o cortados prematuramente. Para ello convendrá tener la propia plantación o bien adquirirlos en un vivero.

- El jugo de limón se toma inmediatamente después de exprimido y, cada vez que se ingiera, prepararlo en el mismo momento.

- El uso de una pajita (*straw*) permite beberlo pasando por la boca sin contacto con los dientes, sobre todo para aquellos que tienen reacciones tales como dentina. El jugo natural del limón así bebido resulta hasta ligeramente más suave.

- El jugo de limón debe tomarse lejos de las comidas y en lo posible puro, o bien agregando un poco de agua caliente, en cantidad para que resulte de temperatura tibia.

- Si se tiene preparada agua magnetizada Norte (AMN) y se la agrega cuando se exprimen los limones, el efecto benéfico es duplicado o más aún.

- En los días en que se debe tomar el jugo de muchos limones, se sugiere dividir la cantidad del día en pequeños grupos de 3 a 4 limones.

Se aconseja realizar la dieta por un total de 23 días, o bien 28 días consecutivos, en la progresión conocida como "pirámide". Esto significa que se comienza el primer día con el jugo de 1 limón y se agrega 1 unidad a cada día que sigue, hasta que se tiene el máximo en el día que es justo el de la mitad de la duración de la dieta. Luego se disminuye 1 unidad por día, hasta concluir con 1 solo limón el último día.

En otras palabras, en la progresión se inicia y termina con 1 solo limón.

**Fórmula de 23 días de duración:** Se comienza con 1 unidad el 1º día y se agrega 1 unidad a cada día siguiente, hasta llegar a la cantidad de 12 limones al 12º día. Luego se decrece 1 unidad por día, hasta terminar con el jugo de 1 solo limón al 23º día.

Esta dieta insume un total acumulativo de 144 limones.

**Régimen de 28 días de duración:** Con el mismo criterio, se comienza con el jugo de 1 limón al 1º día y se agrega 1 unidad a cada día, hasta consumir 14 unidades en el 14º día. El 15º día se repite el valor de 14 limones y luego se va disminuyendo hasta llegar al jugo de 1 limón el día de finalización, o sea el 28º día.

El total acumulativo de este régimen de 28 días significa el consumo de 210 limones.

El único peligro que existe en estos regímenes es el de la charlatanería. Fuera de ello, todos son beneficios y el interesado deberá tener acceso a alguna planta o vivero para prever el stock y reaprovisionamiento. En el caso del régimen más extendido, que dura 28 días, aun se puede abastecer el interesado de la completa cantidad en una sola vez, aunque es más deseable que se reabastezca semanalmente, para la máxima frescura.

En caso de que la persona piense en interrumpirlo, sería mejor que no lo comience.

Los valores de cantidad y duración son los que corresponden a los ritmos del sistema digestivo (23 días) o bien cardiorrespiratorio (28 días). Si esto no se respeta escrupulosamente, será un esfuerzo de poco valor.

Se recomienda que la fecha de comienzo sea durante cualquier día dentro de la Luna llena y, mejor aún, si se coincide con un día crítico de los biorritmos primarios.

En los seminarios en vivo el autor provee dietas con fechas personalizadas y secuencias oportunas, cuando es el caso.

## NOCIONES DE *HEALING* AVANZADO

Existe una variedad de manifestaciones que conllevan el empleo de ciertos pasos y maniobras que difieren de las ilustradas a lo largo del libro. No se trata de ninguna excepción, ni tampoco de contradicciones a las reglas; simplemente que, antes de dedicarse al *healing* avanzado, el estudiante debería sentirse y hallarse cómodo y seguro en cuanto al empleo de las técnicas fundamentales.

La piedra angular de todo el *healing* y *self-healing* es y será la **conexión**, como ya expuesto en el Capítulo I; **como tal conexión es siempre perfectible, siempre será pasible de mejora**.

Se pueden mencionar aquí algunos pocos detalles, más como base informativa de cuanto se enseña y practica en los seminarios, particularmente en los niveles VI y VII.

## 1) Asma y fibrosis cística

Trátase de problemas netamente bronco-pulmonares, cada uno de ellos no resueltos en manera alguna por la medicina oficial occidental, pero sí, en cambio, muy mejorados y hasta resueltos a través del *healing*, dada la patogénesis energética, sobre todo en los casos de asma, donde casi siempre se producen picos críticos y agudos con sensaciones de ahogo, que llevan al enfermo casi al límite de resistencia vital.

En ambos casos el *healer* (masculino o femenino) deberá realizar un trabajo en dos fases:

a) Ejecutar sobre el pecho del paciente movimientos rápidos y enérgicos en sentido diagonal, con los dedos índice y anular de la mano de descarga o apertura, conforme al sexo. Este movimiento diagonal, como noción, consiste en pasar ambos dedos en manera rápida y enérgica bien cerca de la piel, como ser desde el hombro derecho hacia las últimas costillas del lado izquierdo y desde el hombro izquierdo hacia las costillas del lado derecho, formando varios canales o líneas diagonales imaginarias, paralelas, vale decir, cruzando toda la zona del cuello, pecho, y los vórtices magnos laríngeo y cardíaco. Esta operación se hará siempre en un solo sentido, o sea, únicamente en sentido descendente, ya que de lo contrario se tiende a anular la acción. Así entendido, realizar este tipo de maniobra varias veces. Por la rapidez y energía empleadas, esta acción tiende a desorganizar o romper condiciones bloqueantes en toda dicha zona bioplásmica.

b) Luego de que el paciente haya descansado unos pocos minutos —que en realidad sirven para permitir la liberación de las cargas y bloqueos—, aplicar un bioaceite adecuado, tal como el recomendado para la carga del sistema cardiorrespiratorio; éste se aplicará con el dedo anular y servirá como carga o estimulación, y por ello en esta segunda fase el operador lo hará con la otra mano.

Según merezca, los dos pasos anteriores se pueden ejecutar también sobre toda la parte superior de la espalda. Recordar que los movimientos serán siempre en diagonal y en sentido descendente.

## 2) *AIDS* (SIDA):

El Síndrome de Inmuno-Deficiencia Adquirida (SIDA) es quizás el más reciente de los grandes males que potencialmente pueden afectar al ser humano.

La causa de esta enfermedad es aún desconocida y, en opinión del autor, existió siempre, pero se ha propagado en modo general debido principalmente a dos factores: a) el aumento de las comunicaciones y, por lo mismo, el de los contactos sexuales, y b) el menor índice inmunológico del ser humano contemporáneo respecto al de otras épocas.

Quizás en eras pasadas ya esta enfermedad se debió al contacto sexual con ciertos animales y en tales casos las personas fallecían por un "mal desconocido", como se solía decir.

El contacto sexual de una persona sana con otra que presenta un HIV+, que es la primera fase de la enfermedad, no significa fatalmente la contaminación, pero sí siempre un alto riesgo. El autor conoce en modo directo y ha tratado casos de personas que han tenido un único contacto sexual en su vida y contrajeron HIV+. Una persona que ha contraído tal fase inicial puede aún ignorarlo y continuar su vida sexual creyéndose sana, o también conocer su problema y quizás vivir algunos o muchos años sin que se declare la segunda fase.

En este comentario no interesa adentrarse en pormenores profilácticos, ni consejos que ya se hallan al alcance informativo general. Se destacará, como de primera importancia, el atender los siguientes pasos:

- La máxima higiene corporal posible, con empleo de jabones dentro de los aconsejados en el Capítulo I.

- Regímenes basados en jugo de limones naturales, recién exprimidos, de ser posible respetando condiciones críticas biorrítmicas.

- Idealmente, yacer a diario con el cuerpo virtualmente sepultado entre limones. Como esto no es siempre posible, por lo menos mantener algunos limones enteros, o sea, sin cortar, entre las sábanas, todas las noches mientras duerme; la radiación del limón es la del más alto poder catártico que conozca el autor. Tales limones enteros duran unos cinco días; luego se desechan y reponen; nunca han de consumirse.

- Utilizar ciertas combinaciones de Esencias Vegetales Amazónicas.

- Recordando el actualmente muy pobre valor del campo geomagnético y su permanente disminución, utilizar tapetes biomagnéticos por su demostrada eficacia y capacidad para contrarrestar miasmas degenerativos.


## 3) Cáncer

Los tumores malignos son también considerados como miasmas degenerativos en ciertas escuelas médicas.

En opinión del autor, esta enfermedad es esencialmente una **perturbación electromagnética**, que rompe el umbral del potencial aunque sea de una sola célula, originándose una anarquía, que luego se propaga hasta la metástasis.

Refrescando cuanto ha sido dicho en los otros volúmenes de BPE sobre las cuatro instancias (energética, psicológica, funcional y orgánica), el cáncer comienza en la más sutil y va progresando hasta la más densa. Las **figuras VII-7**, **VII-8**, **VII-9** y **VII-10** ayudan a una visualización gráfica.

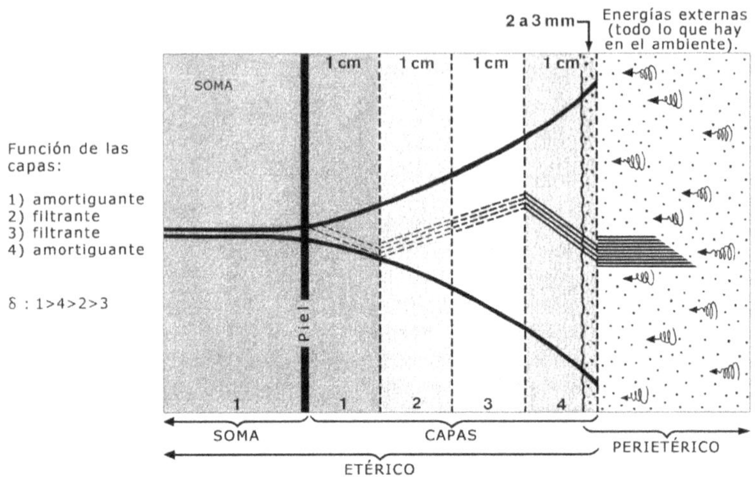



**Fig. VII-7:** *Radiaciones astrales*

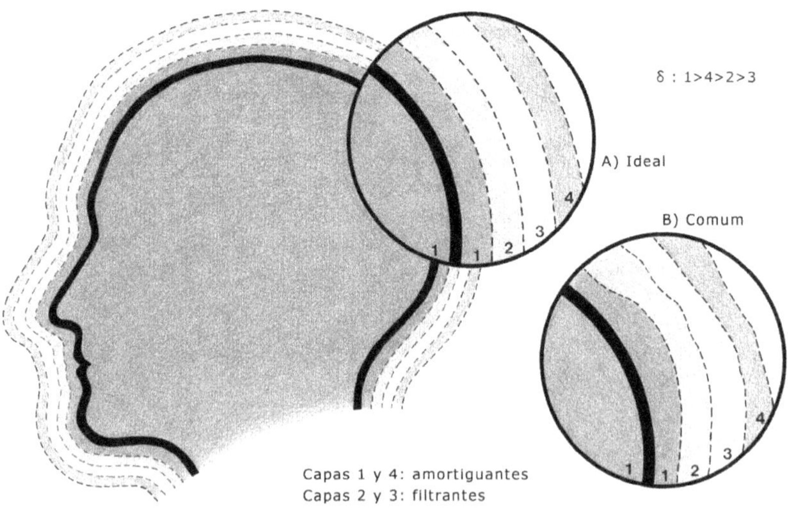



**Fig. VII-8:** *Capas etéricas – campo bioplásmico / MOB*

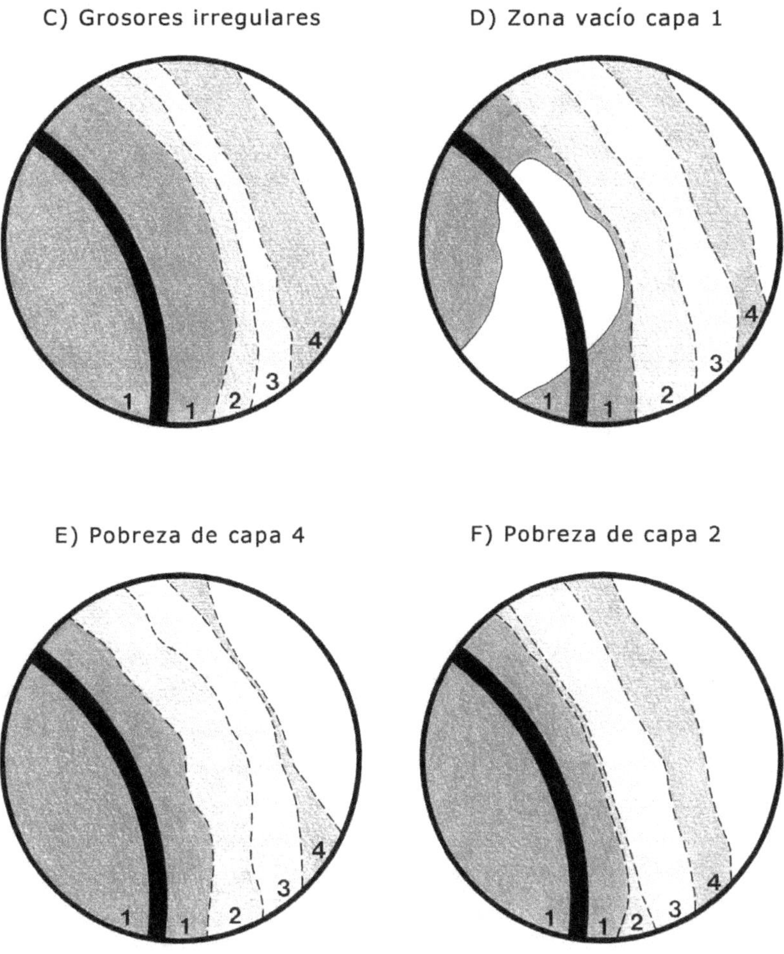


***Fig. VII-9:*** *Capas etéricas – anormales y patologías*

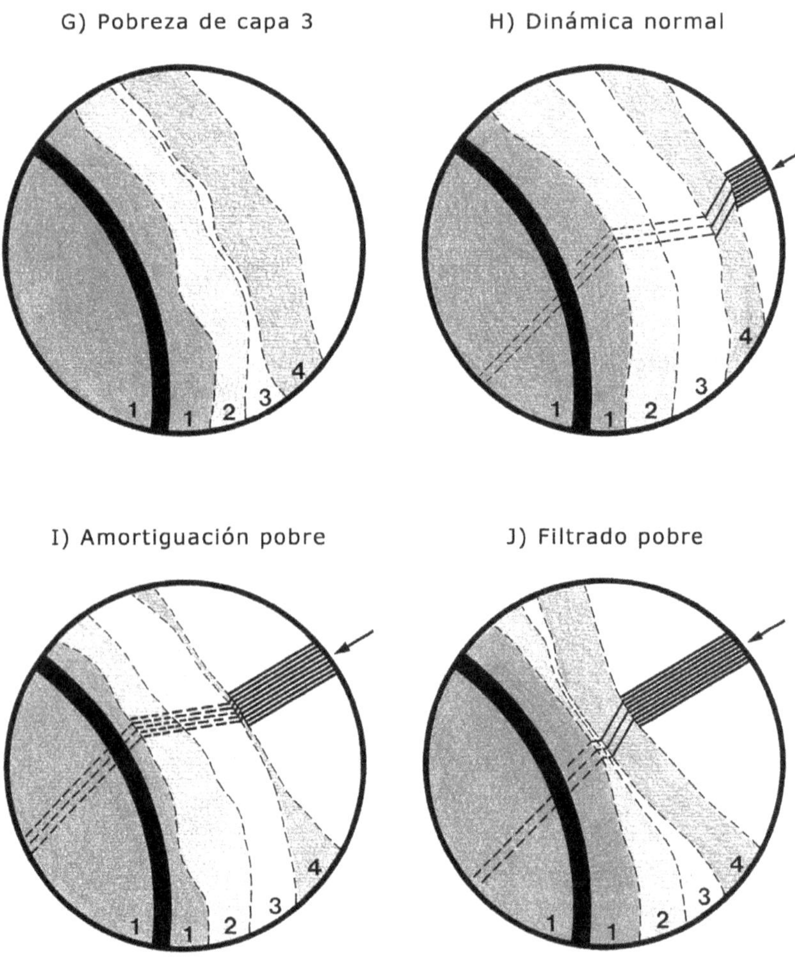



**Fig. VII-10:** *Capas etéricas – normal y patologías*

En el cáncer, la patogénesis puede ser endógena o exógena, pero siempre se inicia a nivel de campo bioplásmico, o sea en la instancia energética. Las **figuras VII-11**, **VII-12** y **VII-13** ayudan visualmente dando algunos ejemplos.

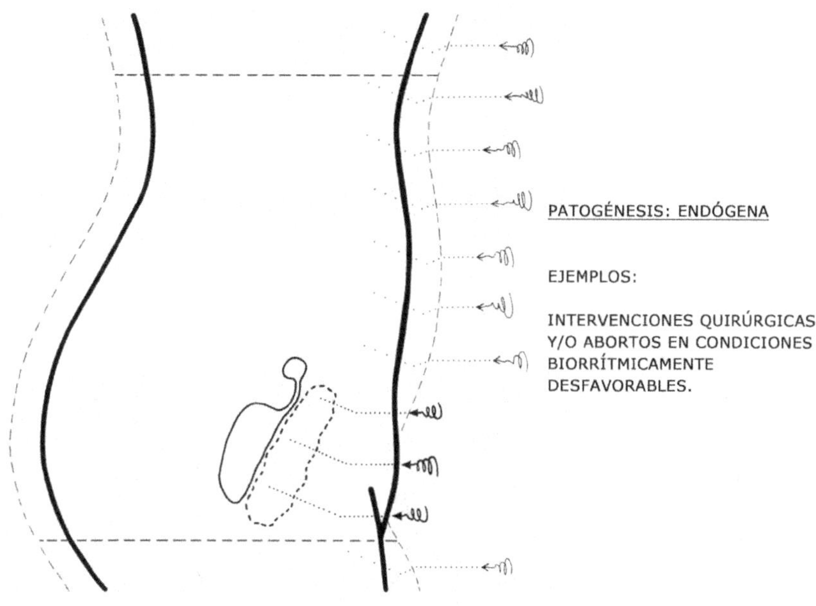


**Fig. VII-11:** *Tumores - cáncer*

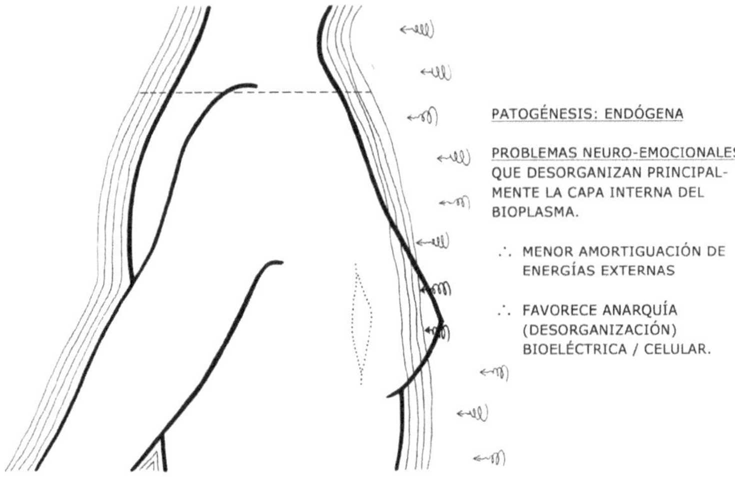


**Fig. VII-12:** *Tumores - cáncer*

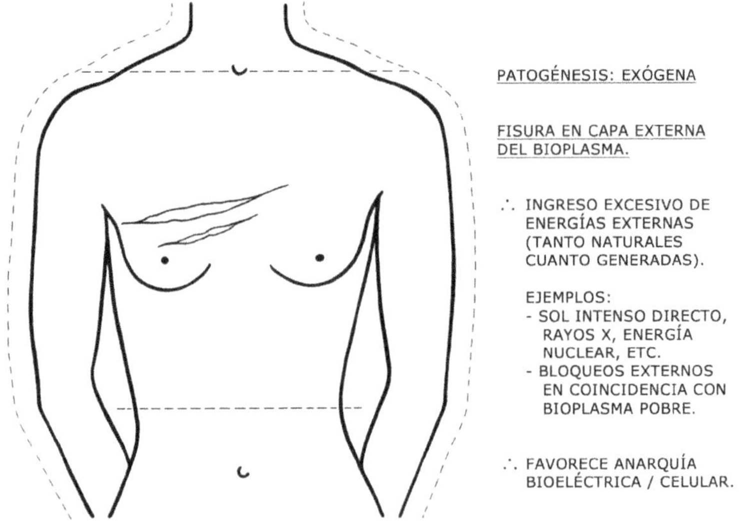


**Fig. VII-13:** *Tumores - cáncer*

En un sentido científico amplio y general, más allá de la piel continúa todavía un continente energético, que en realidad nace en el eje del mismo cuerpo y que es una energética medular con ciertas componentes aun del quinto estado de la materia (plásmico).

Este continente energético tiene naturalmente un límite, más allá del cual existe el denominado ámbito del mundo externo circundante, que comprende aun energías sutiles, lejanas de ser todavía conocidas. Estas energías externas poseen ciertos valores que pueden ser variables, según la geografía y también el ambiente, y se produce una condición equipotencial o de equilibrio, justo en el límite o frontera entre las energías propias y las externas.

Cuando el campo energético del ser humano adquiere mayores dimensiones, esto se corresponde con una expansión cuantitativa y cualitativa de sus valores manifestados. Esto se da en casos muy excepcionales, en tanto que en la mayoría se tienen condiciones comunes. El caso común ya se tiene en la **figura I-3**.

La totalidad de la vida del ser humano depende de ciertos valores-límite relativos. Dentro de los límites apropiados existe, se manifiesta y continúa la vida. Si estos valores se alteran, ya sea por exceso o por defecto, la vida misma se altera y a cierto nivel ocurre la muerte, definida por el autor simplemente como "una destrucción de la forma". Esto se puede ver más fácil con algunos pocos ejemplos: la muerte puede sobrevenir tanto por ahogo como por inanición, por frío o calor abrasador, por falta de aire o alta presión neumática, etc., etc.

A todo lo anterior no consigue escapar quien el autor ha denominado "ciudadano contemporáneo", a pesar de falsas propagandas corrientes, que lo hacen creer que siempre y en cada caso "se es un ser muy especial". Con suficiente tiempo, ya se dará cuenta de lo contrario.

Trasladando estos conceptos a la vida práctica y siempre en la temática del cáncer, si bien la energía, en un sentido general, es imprescindible para la vida, un exceso o defecto de la misma propicia, conduce o lleva a la muerte.

Problemas neuroemocionales y también ciertas intervenciones quirúrgicas, en condiciones biorrítmicas desfavorables, propician o facilitan dicho desequilibrio electromagnético celular y de allí todo cuanto sigue. Esto también vale para la absorción excesiva de radiaciones externas, tal como exposición solar excesiva, y por supuesto rayos X, etc., y más aún cuando se tienen hetero-bloqueos con una o más capas bioplásmicas deficitarias o de valor pobre. Favor de remitirse a las figuras ya mencionadas.

En todos los tipos de tumores cancerígenos se impone también un *healing* efectuado con ambas manos, con maniobras no convencionales, pero sí necesitadas de una imprescindible ejemplificación en vivo, en los seminarios. Con estas maniobras se tiende a descargar, recomponer y estimular cada una de las capas del campo bioplásmico (ver **figuras VII-8**, **VII-9** y **VII-10**).

Si es válido el precepto que dice "no existen enfermedades, sino enfermos", sin duda que el mayor acento deberá ponerse no en la investigación específica, pormenorizada y casi siempre estéril de los más de 1.500 diferentes tipos de cáncer conocidos, sino en su única y verdadera causa y las oportunas medidas de prevención.

Además del *healing* practicado donde sea oportuno, el uso de las Esencias Vegetales Amazónicas y la higiene personal, se recomiendan vivamente:

a) Cromoterapia permanente (24 hs) si el enfermo está guardando cama, o bien al máximo posible. Esto significará una luz de color amarillo de unos 15 Watt y otra verde de unos 40 Watt, aplicadas simultáneamente (ambas a la vez). En el caso de dañarse cualquier lámpara o bombilla, reponer otra similar tan inmediatamente como sea posible. En caso de quemarse persistentemente, esto será señal de algún intenso bloqueo; en tal caso, entonces, aumentar la potencia de la misma bombilla y/o colocar dos.

b) La utilización plena de la Biomagnética. Es sabido que en un campo magnético NBM mayor de 4.000 Gauss no puede proliferar ni desarrollarse ningún carcinoma. Cuando sea posible, aplicar en la zona que sea un BM de ultra alta densidad, más de 4.000 Gauss, siempre con el polo Norte o lado azul del BM en contacto con la piel.

c) Si el BM es la mano derecha de la Biomagnética, el agua magnetizada es su mano izquierda. Esto es terapia hidrobiomagnética y consiste en beber AMN en cantidad de 2 litros diariamente.

d) Practicar la inmersión en limones enteros (camilla de limones) o, en su defecto, utilizar limones enteros en la cama, entre las sábanas, para suministrar dicha radiación vegetal al paciente, como ya se ha indicado para el tema del *AIDS*.

El agua magnetizada indicada en el punto c) también es muy eficaz para colaborar en los casos de HIV+.

Para terminar este comentario ya un tanto dilatado, en la **figura VII-14** se dan ejemplos de una cantidad de fuentes de contaminación electromagnética a través de energías artificiales que arrojan o liberan al medio ambiente energía Sud, y, por lo mismo, ionización positiva, que no es la deseable, sino todo lo contrario.

En gran medida, la Cromoenergética y sobre todo la Biomagnética normalizan el ambiente del caso.


## LOS DOCE VÓRTICES MAGNOS

En la **figura VII-15** se tiene la ilustración esquemática que representa 12 vórtices magnos, a título conceptual.

La **figura VII-16** muestra las inervaciones de los 12 vórtices magnos en el ráquis, vale decir, en la energética de la paleopsique.

**Fig. VII-14:** *Energías generadas dextrógiras - ejemplos*

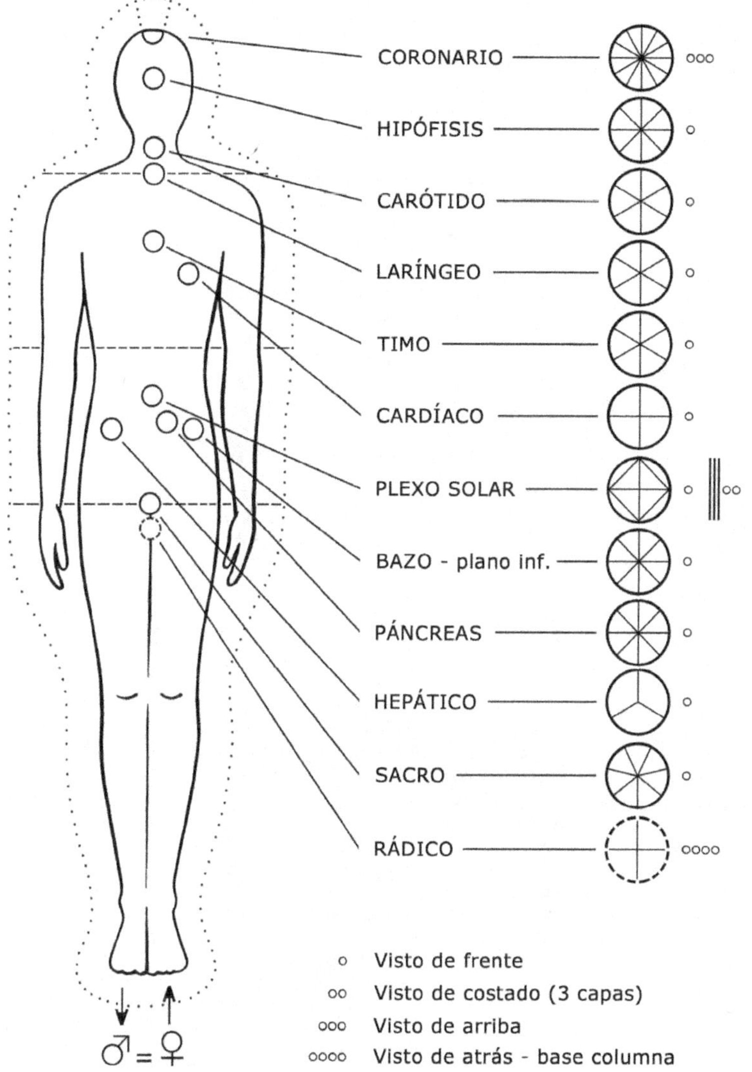


**Fig. VII-15:** *Los doce vórtices magnos*

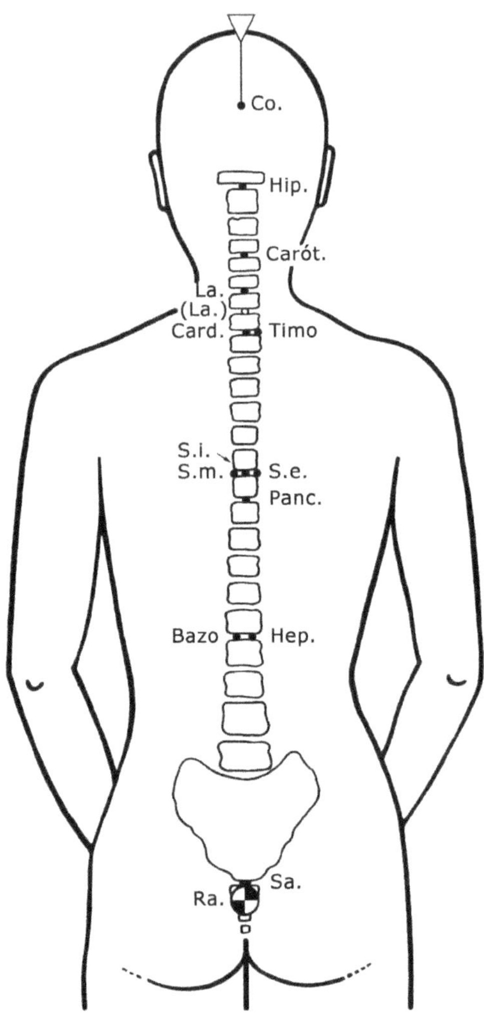


**Fig. VII-16:** *Vórtices magnos – inervaciones en el raquis*

# Cap. VIII

# URINOTERAPIA

Existe un tipo de terapia conocido como el de la terapia de la orina que, sin riesgo de equivocarse, puede ser casi tan antigua como el mismo reino humano, practicada desde épocas inmemoriales y por diferentes culturas, por todas las razas y continentes.

La terapia de la orina tiene dos características distintivas y fundamentales. La primera es que puede ser llevada a cabo por cualquier persona de cualquier sexo y edad; la segunda es que **no cuesta absolutamente nada**.

Al parecer, y fuera de las opiniones de gente carente de adecuada cultura o actitud, la resistencia casi generalizada se ha tenido por vía de la comunidad médica internacional (medicina alopática o galénica), que se atiene exclusivamente a pautas dentro del repertorio de la farmacopea común y corriente. Evidentemente continúa siendo vigente el criterio de que el paciente está al servicio del médico y no al revés, como debería ser. No obstante, existieron y existen distinguidas excepciones.

Dentro de los estudiosos y practicantes de la urinoterapia, cabe destacarse la figura de John W. Armstrong, quien, como en tantos otros órdenes, por coincidencia, no tenía específica formación como médico, pero quizás ello le haya dado mayor relieve a sus experiencias, que al presente inicio del Tercer Milenio[8] tienen difusión prácticamente universal.

Este capítulo, por ser el último de este volumen, no es por ello menos importante que el resto. La temática del *Healing* está y estará siempre referida a la salud y la prevención y allí se tiene el cometido.

La urinoterapia no es un sistema para una enfermedad determinada; los nombres de las enfermedades poseen un interés exclusivamente académico y en todo caso como referencia literaria, pero siempre para demostrar que han resultado adecuados para el tratamiento general.

En efecto, cuando se encara seriamente el tema de la urinoterapia para una determinada persona que sufra de diferentes malestares y/o enfermedades, la curación o mejoría se opera casi siempre desde lo más reciente hacia lo más antiguo o crónico. De allí que personas de cierta edad, o sea, con una base de historial médico, llegan a curarse en modo relativamente rápido a través de la terapia de la orina de malestares recientes y quizás luego de varios meses de dolencias más antiguas o crónicas.

## BREVES ANTECEDENTES HISTÓRICOS

En el lejano Oriente (China y Japón), la urinoterapia es practicada desde hace miles de años. En la India, con una población aproximada a los novecientos millones de habitantes, la orina forma parte de la propia cultura para mantener la salud y la juventud hasta límites insospechados. En el África y una gran parte de América, la urinoterapia ha sido bien conocida y se la cultiva en muchos casos pero, al igual que en Europa, es donde aún tiene menos adeptos, sin duda por el mayor arraigo de la

---

[8] Aunque este libro haya sido escrito en el 1995, el autor le hizo una revisión en 2007, como ya mencionado antes.

medicina alopática, que si bien muy pocas veces cura, no deja de ser un entretenimiento. Para no insistir más sobre el tema, se podría afirmar que la medicina alopática, en casi todos los casos, es como si fuera un préstamo que cobra altísimos intereses.

Como aseverara una eminente autoridad cuando se trató el capítulo de la Biomagnética, quien dijo: "Si el Biomagnetismo es verdad, toda la medicina tradicional es un absurdo", en el mismo modo se enfatiza aquí en el tema de la urinoterapia.

Por simple antigüedad natural de muchos millones de años, el ser humano no puede poseer más sabiduría que la misma Naturaleza y de allí que lo lógico y natural sea aprender a conocerla, interrogándola de la manera adecuada para que ella responda apropiadamente, lo cual es un válido axioma científico.


## ALGUNAS BREVES OPINIONES ACERCA DEL PODER CURATIVO DE LA ORINA

Hace casi doscientos años fue publicado en inglés un libro titulado "Mil cosas notables", del cual se extraen estas breves sentencias y consejos, algunos citados por el Prof. Armstrong:

- El beber de la propia orina durante 9 días seguidos cura el escorbuto (anemia y empobrecimiento de la sangre) y vuelve el cuerpo más ligero.

- Es bueno contra la hidropesía y la hepatitis, bebida de la misma manera.

- El lavado de los oídos con orina otorga calor y es bueno contra la sordera y la mayoría de otras dolencias auditivas.

- Lavarse los ojos con la propia orina cura los ojos llagados y fortalece la visión.

- Lavarse y frotarse las manos con orina cura las llagas y flexibiliza las articulaciones.

- Lavarse cualquier herida con ella es extraordinariamente terapéutico.

- El lavado de cualquier parte irritada elimina la comezón.

- Lavarse el ano con orina es bueno contra las hemorroides y llagas anales.

- En un tratado que se remonta a 1695, llamado "Salmon's English Physicians", se tiene: la orina se utiliza internamente contra obstrucciones del hígado, bazo, vesícula biliar, hidropesía, hepatitis, la suspensión del período menstrual en las mujeres y todo tipo de fiebres malignas.

- La misma fuente cita que abre obstrucciones de los riñones y vías urinarias, disuelve coagulaciones salitrosas y expele cálculos y arenilla.

El Prof. Armstrong, al cual continuamente citamos aquí, sobre la base de tales razones y panegíricos, dio por llamar a su tratado como "El Agua de la Vida" y se retiene que su primera edición se remonta a 1944.


## ALGUNAS OPINIONES MODERNAS SOBRE EL VALOR DE LA ORINA

- El Prof. Rostande asevera que la orina proporciona una cantidad prácticamente ilimitada de materia básica. Desde el punto de vista terapéutico, es posible ver el uso de estas hormonas humanas como capaces de ejercer gran poder sobre el organismo.

- El Dr. Ellis Barker escribía que el propio cuerpo destila las medicinas más increíbles y proporciona los sueros y anticuerpos más perfectos.

- El Dr. Wilson Dehachman: El uso de la orina está indicado en todas las formas de enfermedad, excepto en los casos de traumatismo o de naturaleza mecánica. Ahorra al médico el error que se comete teniendo que seleccionar entre 3.000 o más fármacos. Definitivamente, lo que no puede ser curado por las fuerzas del cuerpo, tampoco puede serlo por las fuerzas exteriores al mismo.

- Hacia la mitad del siglo XIX la autoterapia de la orina era un remedio bien conocido contra la ictericia, y algunos doctores tenían el valor de recetarla.

- Los gitanos han practicado durante siglos la terapia de la orina para curar la enfermedad de Bright, la hidropesía y otras afecciones circulatorias. Si bien estos resultados los gitanos los han tenido tomando orina de vaca, hay que destacar que como agente curativo es muy superior la propia orina del paciente.

- Los antiguos griegos y la generalidad de los actuales esquimales han utilizado y utilizan la orina como tratamiento para sus heridas.

La lista de comentarios sería interminable, por cuanto escapa a cualquier capítulo y tratado; basta finalmente señalar en este aspecto que **una de las formas principales de la urinoterapia consiste en el ayuno basado en orina y agua**, durante períodos que pueden ir desde pocos días hasta varias semanas.


## OBJECIONES Y COMENTARIOS

Para mencionarlo desde ya en forma clara y para siempre, se advierte que el ser humano común y corriente carece de una dieta equilibrada. Más exactamente: por un lado, ingiere cosas que no debiera ingerir, y por el otro, no ingiere otras cosas que sí debería ingerir. En otros términos, en cierta manera la alimentación del individuo común y corriente es bastante desordenada y caótica, o bien ya decididamente tiene el instinto degenerado por los abusos. Esto ocurre más a menudo en las clases más acomodadas y adineradas, en tanto que es mucho menos frecuente en las clases pobres y bajas, precisamente por la falta de medios.

El ser humano nace con una cantidad de elementos y aparatos provistos por la misma naturaleza y además una cierta cantidad de posibilidades latentes de ser desarrolladas. Una objeción, frecuentemente hecha por los médicos modernos o semi-modernos, es que los desechos deben ser eliminados y jamás reincorporados al organismo. Esto es fácilmente rebatible por la gran cantidad de vacunas y autovacunas que se aplican para tantas enfermedades o su prevención.

El análisis químico de la orina, en la época de Armstrong, comprende diecinueve sustancias; pero en la actualidad los componentes de la orina que se han ido descubriendo y separando, en virtud de instrumentos y métodos más precisos, ya suman más de doscientos.

Otra objeción que se ha hecho es que la orina contiene elementos venenosos, que el cuerpo trata de eliminar; esta teoría es absurda y cabría citar los casos de naufragios donde los sobrevivientes, viajando en balsas o botes, han debido beber su propia orina a falta de agua. Si hubieran bebido un líquido venenoso, habrían muerto o enfermado; pero lejos de ello, tal práctica por un lado ha sido inocua y por el contrario ha determinado sorprendentes respuestas en todos los órdenes.

Una objeción muy frecuente, que es propia de personas carentes del apropiado contexto cultural, es relativa al sabor de la orina, que la califican los detractores como "profundamente vomitiva". La respuesta es negativa; muchos fármacos y lisados son realmente desagradables, pero no lo es la orina.

La orina de la mañana es un tanto amarga y salada, pero su sabor varía día a día, o a cada pocas horas, de acuerdo con los alimentos que se han ingerido, como para caer nuevamente en la necesidad de una dieta balanceada.

Cabe mencionar todavía que la orina primeramente limpia, luego libera las obstrucciones y finalmente reconstituye los órganos vitales lesionados por la enfermedad, trátese de tejido de los pulmones, páncreas, hígado, cerebro, corazón, reparando aun los revestimientos de zonas muy delicadas, como lo demuestran los tratamientos exitosos obtenidos en casos de muchas enfermedades calificadas como "mortales".

## PRÁCTICA DE LA URINOTERAPIA

En la gran mayoría de los casos, la práctica de la urinoterapia consiste en dos cosas:

- la ingestión inmediata de la orina que se elimina, en su totalidad, y

- beber agua natural a voluntad.

Como se ve, estos dos pasos son todo lo que hace a lo concreto. Así se reitera la practicabilidad de la urinoterapia en casi todos los casos, siendo su costo absolutamente nulo. Debe tenerse presente que la orina contiene muchos nutrientes, sales y hormonas, que proveen al organismo de elementos muy específicos, o sea, por así decir, como una **huella digital** de las exactas **necesidades** del paciente o practicante.

Nunca se ha registrado un solo caso de agravamiento, ni menos de envenenamiento, ni jamás fallecimiento por el ayuno a base de orina.

A riesgo de ser cargoso, se insiste una vez más en que el mayor impedimento son los preconceptos y las barreras psicológicas, producto de una falta de educación o información al respecto.

El Prof. Armstrong destaca rotundamente que el período de ayuno debe ser respetado sin más alimentación que la propia orina y el agua. Si se pretende combinar las medicinas corrientes durante el ayuno urinoterapéutico, el resultado sería un fracaso rotundo, conforme a su experiencia.

## COMIENZO DEL AYUNO

Siendo un hecho demostrado la influencia lunar sobre la masa líquida en el planeta, por correlación conviene, en principio, iniciar el ayuno en cualquier día durante la Luna llena, ya que también este satélite tiene preponderancia sobre la masa líquida del organismo. Esto es bien importante.

Si el practicante tiene conocimiento de sus biorritmos personales, con mayor acierto podrá elegir la fecha de comienzo tomando como inicio el día que presente un biorritmo en día crítico, sea el de 23 o el de 28 días, siendo mejor el segundo (que es el cardiorrespiratorio) y, de ser posible, que se trate de un día crítico descendente.

## DURACIÓN DEL AYUNO

Conviene atenerse a períodos o semiperíodos biorrítmicos, ya que el de 23 días tiene que ver con la masa ósea y muscular, en tanto que el de 28 días está en relación con el sistema circulatorio (detalles completos se tienen en la carrera de Biorritmología, de IBUNA).

Sobre la base de lo anterior, un ayuno debería durar un lapso de 23, 28, 46 ó 56 días consecutivos; o bien, en ciertos casos, 12 días (o sea, la mitad de un ciclo de 23 días); o bien 42 días (o sea, un ciclo y medio del biorritmo de 28 días); o bien 14 días, etc., etc.

En cuanto a la duración del ayuno urinoterapéutico, no hay pautas precisas, pero la idea general es que **debería durar el**

**doble de la cantidad de días necesarios para la desaparición de los síntomas**.

## COMIENZO DE LA ALIMENTACIÓN POS-AYUNO

Este punto es el más importante de todos, y si no se decide a llevarlo a cabo bien, es mejor no comenzar, ni hacer nada.

Terminado el período de ayuno, reinsertarse en modo muy gradual, comiendo el primer día tan sólo una fruta, o bien dividida en dos mitades, en diferentes horarios. Al día siguiente, comer dos frutas o jugos a lo largo del día y luego, en los días siguientes, ir complementando hasta una cantidad normal. El autor recomienda una dieta equilibrada conforme a las Reglas de las Polaridades Bioelectromagnéticas, descriptas en el Capítulo VII.

Cuando se sale del ayuno en forma caótica y desordenada, las consecuencias pueden ser impredecibles; de allí que la vía segura sea el retorno lento, gradual y equilibrado al estilo de alimentación personal, con los ajustes de todo tipo, para garantizar una salud prácticamente permanente. Recuérdese de comer pausadamente y pocas cantidades a la vez, hasta que el organismo se halle nuevamente habituado al régimen alimentario. Esta gradualidad puede comportar un lapso de tres a cuatro días.

En el caso de aplicarse las Reglas de las Polaridades en la alimentación, raros u ocasionales trastornos pasajeros serán sin importancia, exactamente por la adaptación de la mente instintiva (léase sistema neurovegetativo, en el lenguaje alopático) a un sistema racional y universal.

Eventuales efectos colaterales ocurridos durante el ayuno, como ser languidez, presión arterial baja, etc., no son importantes, dada la naturaleza del ayuno, que incluye un metabolismo muy específico y altamente dinámico, que **autorregula** el total sistema orgánico.

A título de mención, ayunos con terapia de la orina han sido del orden de más de 30 días, hasta 60 y un solo caso registrado de 101 días de duración.

## FRICCIONES Y COMPRESAS DE ORINA

Además de la ingestión de la orina en el momento en que se la elimina, las fricciones con orina fresca, o vieja, puede decirse valen tanto como lo primero.

El procedimiento es muy sencillo: las fricciones se pueden hacer con la propia orina o la de otra persona, en tanto que la ingestión es preferible sea de la propia orina, o excepcionalmente de otra persona sana, si no pudiera producirla. Se menciona incidentalmente que cuanto más agua se pueda beber, mayor cantidad de orina se eliminará, hasta volúmenes bien normales.

Retornando a las fricciones, se pueden hacer con la ayuda de una toalla, en las zonas oportunas. Las compresas se pueden fijar por un lapso de dos horas. Zonas muy importantes son, por ejemplo, la cara, cuello, vientre y los pies. Las fricciones y compresas constituyen un 40% o más dentro del proceso de curación. La compresa por excelencia es la de orina, y el masaje con orina es muy superior a cualquier otro tipo de fricción.

Para las fricciones, lo más eficaz es la orina vieja, sola o mezclada con nueva, calentada, pero sin que hierva. Para su aplicación, se echa un poco de orina caliente en un recipiente de fondo plano, se mojan las manos en la misma y se frotan hasta que se sequen. Se repite el proceso las veces que sea necesario.

En cuanto a las compresas, se aplicarán siempre que haya forúnculos, quemaduras, heridas, bultos, hinchazones u otras alteraciones. Donde se aplica una compresa, no debe frotarse el cuerpo; tampoco frotar los bultos sospechosos.

Las partes más importantes, se repite, son la cara, cuello, ombligo, cabeza y pies.

En esto hay una plena coincidencia en cuanto a que el cuerpo humano posee dos hígados: uno de ellos es el interno, en tanto que el otro es la piel, que, como se sabe, posee tres funciones (regulación térmica, respiración cutánea y transpiración). De allí que tan importantes sean las fricciones, como así tan graves sean las quemaduras algo extensas.


## CASUÍSTICA

Cuanto sigue son unos pequeños ejemplos dentro de una larguísima lista, que nunca será completa. Se describirán variados casos de llamadas enfermedades "mortales", que fueron resueltos en forma muchas veces casi increíble.

Para quien practique la urinoterapia, se le recuerda continuarla como rutina permanente con una cierta cantidad diaria; aproximadamente un litro de orina diaria es una buena autoterapia y muchas veces se corrigen enfermedades y problemas sufridos aun en la infancia; claro, con una práctica prolongada.

La casuística que se comenta se hace lo más sintética posible para presentar mayor cantidad de casos:

- Paciente de 53 años de edad, sexo femenino. Caso de **ictericia euroasiática**, con abdomen hinchado y duro y cuerpo demacrado. Luego de 10 días de ayuno, con agua y orina, más fricciones y compresas, los riñones funcionaban muchísimo mejor. Un pie con gangrena comenzó a dar signos de curación. A los 18 días de ayuno, el pie se había curado sin que siquiera quedaran cicatrices. Se había formado una nueva piel.

- Mrs. E. Caso de **gangrena de dedos y pies** por la administración de vacuna. 48 días de ayuno. La orina curó los dedos de los pies en los primeros 20 días.

- Mr. N., 55 años de edad. **Gangrena en ambas piernas**. Los cirujanos querían amputar los miembros. Ayuno de 42 días con orina y agua. Ahora camina tan bien como cualquiera y gusta de hacer ejercicios.

- Mrs. L., 48 años de edad. **Gangrena en ambas piernas y pies** tras derramársele una olla de aceite hirviente. Tratada con emplastos por 3 semanas por los médicos. Resultado desastroso. Ayuno de 28 días con el tratamiento usual. Marcada mejoría tras 10 días. Vuelta a la salud normal tras otros 15 días.

- Paciente de 45 años, sexo femenino. **Tumor en seno** izquierdo, faltando ya el derecho por cirugía anterior. Ayuno de 19 días. El tumor totalmente desaparecido. Al día 28 de ayuno desaparición total del tumor y aspecto muy jovial.

- Joven de 28 años en 1920. Diagnosticado **cáncer de esófago o enfermedad venérea**. Cura completa. El paciente aún vive, 24 años después. 28 días de ayuno.

- Paciente de 62 años de edad. Diagnóstico: **cáncer de intestino**. Curado en 3 semanas. Actualmente tiene 84 años (al año 1946).

- Paciente de 42 años con **cáncer de mama**. Curación completa con ayuno de orina y agua. Han pasado 21 años y se encuentra aún completamente bien.

- **Enfermedad de Bright** (condición morbosa crónica y/o aguda del riñón). Paciente Mrs. C., poco más de 40 años. Los médicos le han dado 2 días de vida. Orina muy escasa, espesa, de aspecto sanguinolento y purulento. Peso actual mayor de 130 kg, siendo el normal de unos 70 kg. En 4 días el flujo de orina pasó de 2 a unas 200 onzas diarias y el aspecto era prácticamente de orina insípida e inodora. A los 23 días signos evidentes de una recuperación completa.

- Paciente Mrs. B., también diagnosticada como **enfermedad de Bright**. Diagnosticados 2 días de vida. Peso 190 kg. Ayuno de 49 días. Luego de 7 semanas, desaparición total del estado anémico. Peso final ligeramente inferior a los 50 kg y aspecto muy juvenil.

- Mr. W., 75 años, ayuno de 53 días. Mr. L., 38 años, ayuno de 42 días. Mr. B., 55 años, ayuno de 60 días. Además un joven de 11 años, con ayuno de 15 días. En estos cuatro casos se tuvo una completa curación al igual al que había acontecido con la antes citada Mrs. B. (**enfermedad de Bright**).

- Mr. P. C., 48 años de edad, **leucemia**. Diagnosticados 3 meses de vida. Tratamiento de orina durante varias semanas. En el análisis sanguíneo el paciente tenía más glóbulos blancos que rojos. Luego de 12 semanas de tratamiento, aun que no de total ayuno, pero bajo el control del Prof. Armstrong (responsable de la casuística), Mr. P. C. regresó a su trabajo.

- Mr. R., **enfermo cardíaco con hidropesía**. Pies, piernas y abdomen muy hinchados. Corazón muy dilatado. El médico dio al paciente 1 mes de vida. Luego de un tratamiento naturopático empeoró y le pronosticaron 15 días de vida. Atendido por el Dr. Fielden, se curó con terapia de orina en 6 semanas, pasando de 70 a 50 kg de peso.

- Mr. Q., tipo atlético, contrajo la **fiebre malaria** en Oriente. En 1920 sufrió 26 ataques. Curado completamente con un ayuno de 10 días, con orina y agua.

- Militar (comandante), encontrado por nativos indígenas en estado de delirio debido a **melanuria**. Los indígenas lo curaron haciéndole ayunar durante 10 días a base de orina y agua, más compresas.

- Joven de 19 años de edad con **parálisis de movimiento intestinal de 1 semana y 72 hs de los riñones**. Caso de **orquitis**. Los testículos eran tan grandes como pelotas de tenis. El pene tenía más de 30 cm de longitud, duro como el plomo y enrollado como un sacacorchos. Durante 2 días bebió orina de otra persona. A las pocas horas defecación muy copiosa y repugnante. Tratamiento con paños compresas y mayor cantidad de orina. Al cuarto día eliminó y bebió 10 litros de orina en 24 hs. A los 26 días de tratamiento y luego de algunos altos y bajos el paciente goza de perfecta salud.

- Niño de 9 años. **Enuresis** de toda la vida. Cura completa luego de un ayuno de agua y orina de 12 días.

- Paciente de 60 años, sexo masculino. Caso de **psoriasis**. Ayuno con orina y agua durante 1 semana en junio y otro en septiembre de 1920. Curación completa, con aspecto de 55 años a la edad de 70.

- Ms. C., **asma bronquial**. Paciente de 40 años, sexo femenino. Caso de **gangrena con complicaciones de tiroides**. Amputación de ambas manos aconsejada por los médicos. Ayuno de agua y orina por 3 semanas aunque a los 15 días la paciente ya podía utilizar sus manos y tejer. Curación completa.

- Paciente de 60 años, sexo masculino. **Parálisis con vejez prematura**. Veredicto de los médicos de algunas semanas de vida. Ayuno de orina y agua con frotamientos durante 59 días. Segundo período de ayuno de 35 días más. La memoria y el lenguaje los recuperó en 20 días durante el primer ayuno, y la curación se completó durante el segundo ayuno. La causa principal del problema fue una condición artrítica, no parálisis.

- Mr. D. E., 37 años. Caso de **asma bronquial**. Ayuno durante 3 meses, bebiendo 2 litros de orina por día y 2 ayunos totales entre 36 y 40 hs cada uno. Su alivio fue tal que ya dejó de pensar en llevar el *spray* al teatro, ni se despertó por la noche para utilizarlo.

- Otro caso del mismo problema (**asma bronquial**) que mejoró con 4 días de ayuno con orina. El último día de ayuno tuvo una descarga de mucosa tan intensa, que el paciente aprovechó para comprobar su respiración subiendo una colina.

## CONCLUSIÓN

Este muy abreviado capítulo sobre urinoterapia podrá tener sentido ya sea para muchas personas enfermas y aun para aquellas que se creen sanas o lo están. Muchos intereses creados atentan contra la difusión de ciertas prácticas con resultados hasta increíbles, como es el caso de la terapia de la orina.

También por la inercia de una gran parte de la población en todo el mundo no se presta la debida atención o se pasa por alto ciertos recursos simples y naturales. Recuérdese que una vida sana comienza con una alimentación equilibrada e inteligente, nunca caprichosa ni menos caótica. El **mantenimiento de la salud** puede ser altamente ayudado por la ingestión diaria y rutinaria de la propia orina; a largo plazo se apreciarán siempre buenos resultados, o mucho más que ello.

El autor, si bien conocía esta temática desde hace muchos años, sólo recientemente ha comenzado a recomendarla en sus entrevistas y consultas, pero siempre y cuando el sujeto sea permeable, ya que, caso contrario, hasta puede llegar a generar resultados opuestos a los buscados.

Con las precedentes indicaciones el lector podrá encarar con absoluta seguridad y sin ningún riesgo un ayuno, si así lo desea. Durante el ayuno puede mantener una vida normal en forma corriente.

# I B U N A
## PLANES DE ESTUDIOS

| CURSOS BÁSICOS | ESCUELA DE *HEALING* | ESCUELA DE BIORRITMO |
|---|---|---|
| Cursos correlativos (TP) | Cursos correlativos (TP) | Cursos correlativos (TP) |
| BPE-I | H-I | B-I |
| BPE-II | H-II | B-II |
| | H-III | B-III |
| | H-IV | B-IV |
| | H-V··· | B-V ···· |
| | *Bachelor* | *Bachelor* |
| | H-VI | B-VI |
| | H-VII·· [ Máster ] | B-VII ·· [ Máster ] |
| | [ Tesis ] [ Doctorado PhD ] | [ Tesis ] [ Doctorado PhD ] |

# Biografía sucinta del Autor

El Dr. Livio J. Vinardi, PhD, fundador de la Biopsicoenergética, nació en Buenos Aires, Argentina.

Doctor en Física y Ingeniero en Electrónica, fue profesor durante 30 años en los niveles educativos de enseñanza universitaria y superior en las cátedras de Electrónica, Física, Electroacústica, Microondas y Radiación; actividad desarrollada en ámbitos docentes civiles y militares.

Miembro de la Sociedad Científica Argentina. Enciclopedista y ganador de concursos internacionales en el área de Planeamiento de Enseñanza (UNESCO). Asesor durante varios años del Gobierno Argentino y de la Presidencia en el ámbito de investigaciones científicas. Consejero del Instituto de Biopsicosíntesis de la Universidad Argentina "John F. Kennedy". Director General de la Asociación Panamericana para el Avance de la Psicotrónica con sede en Bogotá, Colombia.

Miembro Honorario de diversas instituciones en el ámbito internacional, de las cuales se mencionan algunas: Sociedad Alemana de Parapsicología (Hamburgo); Instituto Ely de Biorritmos (París); Instituto de Parapsicología de Río de Janeiro; Fondo Privado para el Avance de la Ciencia (Buenos Aires).

Miembro Fundador de la IBRA - Asociación Internacional para la Investigación del Biorritmo (Atlanta, Georgia); Director Honorario del Laboratorio de Investigaciones sobre Biorritmos Humanos (Tenerife, España); Presidente de Honra Permanente de los Coloquios Brasileros de Parapsicología (São Paulo, Brasil).

217

*Chairman* de IBUNA (1993) - *International Biopsychoenergetics University of North America*, cuya finalidad es impartir enseñanza a nivel académico de disciplinas integradas, operando en el ámbito internacional con dos Escuelas: *Healing* y Biorritmo, cada una de ellas con sus grados de Bachelor, Master y PhD.

A modo de referencia, se citan algunos centros académicos donde el Prof. Vinardi ha dictado conferencias y seminarios: Universidades de Buenos Aires, Bogotá, Carabobo (Venezuela), São Paulo, Río de Janeiro, Madrid, Barcelona, Heidelberg, Berlín, Hamburgo, Viena, Bremen y Roma.

Musicólogo y concertista de piano, ha actuado durante 15 años en recitales como solista. Fundador de la Agrupación Libre de las Artes (Argentina).

En relación con los conocimientos internos, fue discípulo del sabio maestro japonés Kenkichi Sakurai, con el cual estudió y practicó el Sistema Isotérico, mal conocido como Cuarto Camino. Durante varios años el Prof. Vinardi viajó por todo el ámbito sud y centroamericano, estudiando las energías planetarias en forma práctica, como así centros y focos iniciáticos (Cordillera de los Andes, Amazonas, Mato Grosso, etc.).

En 1980 comenzó su gira por los Estados Unidos de América. En colaboración con la Universidad Estatal de San Francisco (California), dirigió hasta 1990 el Proyecto de Medición de Potencial Bioplásmico en las Escuelas de Física y Biología. Este proyecto utilizó equipos electromagnéticos inventados por el Dr. Vinardi para la objetivación del aura humana.

Además de dirigir IBUNA, el Prof. Vinardi ha dictado más de mil conferencias y cursos sobre Biopsicoenergética, Biorritmología, *Healing*, Astroenergética, Arte Objetivo, Matemática transcendente y Sistema Isotérico, tanto en toda América como en Europa, dirigiendo a la vez viajes de estudios y experiencias prácticas de ejercicios y técnicas para la integración energética humana con las fuentes planetarias en apropiados puntos y focos del continente.

# <u>Textos de Livio J. Vinardi de próxima nueva edición</u>

## (Formato impreso y digital)

### BIOPSICOENERGÉTICA I – El ser humano como medida

En este texto, el Dr. Livio Vinardi, PhD, confirma sus sólidos antecedentes como investigador científico de renombre internacional y presenta la BIOPSICOENERGÉTICA, una disciplina por él mismo fundada, argumentada científicamente y de características realmente asombrosas.

La Biopsicoenergética logra que confluyan dos vertientes que se creían inconciliables: la de la ciencia denominada oficial y la del ocultismo tradicional. Así, mediante sus serios trabajos es posible reconstruir y replantear fenómenos que otrora eran negados rotundamente por unos, aceptados a rajatabla por otros y que no terminaban de comprenderse en su totalidad. Afortunadamente esta antinomia llega a su fin gracias al puente tendido por el Dr. Vinardi, quien surge aquí como un excelente educador de la Nueva Era: con la ciencia como instrumento, emplea su intuición y percepción, volviéndose un auténtico precursor.

La Biopsicoenergética detalla qué son y cómo funcionan los *chakras*, el aura y los cuerpos etérico y astral; enseña cómo fluye y se estructura la energía en el ser humano, cómo se producen las alteraciones e influencias que padece –tanto desde su propio interior como por parte del entorno en que se mueve– y cómo pueden incrementarse ilimitadamente sus potenciales dormidos en base a un trabajo consciente. El autor además introduce en este primer tomo ciertos aspectos fundamentales que abarcan desde el proceso de la gestación y post-mortem hasta los mecanismos básicos de la percepción extrasensorial, pasando por las opacidades ambientales y bloqueos, influencias energéticas del sonido y del color.

Los temas aquí desarrollados son los siguientes: Qué es la Biopsicoenergética; I) La energía; II) Los órganos sensoriales humanos como transductores de las percepciones externas; III) Energías naturales, generadas y humanas; IV) Energías del embarazo, nacimiento y muerte; V) Energías ambientales y bloqueos energéticos; VI) Cromo y sonoterapia en relación a la Biopsicoenergética; VII) Conocimiento Unificado o Síntesis de sutilizaciones energéticas; VIII) Descripción general de las principales formas de percepción extrasensorial; IX) Escuelas y disciplinas para el desarrollo interno; X) El Sistema Isotérico Universal y los orígenes del Cuarto Camino; XI) Biopsicoenergética y Yoga.

## BIOPSICOENERGÉTICA II – El ser humano como medida

La BIOPSICOENERGÉTICA, que nació a principios de los años setenta de manos del científico e investigador Dr. Livio J. Vinardi, PhD, quien ha alcanzado un contundente prestigio internacional, ocupa un sitial destacado en el estudio de hechos sutiles cuya comprensión resulta necesaria e imperiosa. Esta revolucionaria disciplina de síntesis reúne en un único soporte técnico aspectos de la realidad aparentemente tan alejados como lo son el espiritual y el material, dotando de lenguaje y exposición científicos cuestiones hasta ahora heterodoxas, como el aura, los *chakras* o el cuerpo astral.

El tomo II de Biopsicoenergética es la visión enriquecida y enriquecedora de un investigador que sabe y puede sondear un plano cuyo misterio se va disipando cada vez más. Basta echar un vistazo a su temática para comprender en qué elevado nivel de indagación se ha ubicado este compendio. Enumeramos sus capítulos: I) El aura humana; II) Aspectos particulares de los vórtices; III) Circuitos y enlaces entre vórtices; IV) Los tres alimentos existenciales primarios; V) Astroenergética; VI) La energética *Kundalini*; VII) Conjunto Sonomedular; VIII) Las Escuelas y el desarrollo del ser humano; IX) La máquina Kirlian y sus aplicaciones; X) Aparatos de la Biopsicoenergética y sus aplicaciones; y XI) El Arte en el Tercer Milenio.

Algunos de los capítulos son de carácter eminentemente práctico, evidenciando que la Biopsicoenergética va más allá de la mera formulación teórica o hipotética, para adentrarse en la experimentación y comprobación de los hechos, y su aplicación práctica.


## ANATOMÍA ENERGÉTICA – Las sutiles dimensiones del cuerpo humano

A partir de las prolongadas, profundas y extraordinarias investigaciones del Dr. Livio J. Vinardi, PhD, tenemos que reconocer que en el ámbito esotérico existen muchos equívocos con relación al campo energético humano, que es precisamente nuestra aura. A través de su aguda clarividencia (percepción extrasensorial), este inminente científico **iso**térico nos ofrece conocimientos altamente esclarecedores y útiles.

Esta obra es la real puerta de entrada a la BIOPSICO-ENERGÉTICA (BPE). Vinardi nos presenta conceptos fundamentales con un lenguaje accesible para cualquier persona interesada en esta peculiar materia. Pero no se trata solamente de una introducción a la BPE, pues el libro contiene temas inéditos e inexistentes en cualquier otra literatura conocida, sea ocultista, mística o esotérica – del idioma que fuera.

Citamos a continuación los temas aquí desarrollados: I) Introducción; II) Demostración científica del aura humana; III) Campo energético humano; IV) El ser humano y sus cuerpos; V) Cuerpo planetario; VI) Vórtices o *chakras*; VII) Vórtices magnos, clasificación y detalles; VIII) Vórtices grandes, clasificación y detalles; IX) Vórtices medianos, clasificación y detalles; X)

Vórtices pequeños; XI) Vórtices intrasomáticos; XII) *Kundalini*; XIII) Conjunto Sonomedular; XIV) Organizaciones cerebrales y su clasificación; XV) Alimentos existenciales primarios – Alimentación de los vórtices o *chakras*; XVI) Opacidades ambientales y patología energética; XVII) Energías naturales y generadas – Clasificación y sentidos de giro; XVIII) Ejercicios prácticos para ayudar a la percepción de los vórtices; XIX) *Healing* y *Self-Healing*; XX) Biorritmología.


## BIOPSICOENERGÉTICA IV - RITMOS VITALES – Biorritmología Integrada del Tercer Milenio (Tratado didáctico-crítico-comparativo)

Como tomo cuarto de BIOPSICOENERGÉTICA, Vinardi ha escrito un Tratado didáctico-crítico-comparativo con el título general de RITMOS VITALES y el subtítulo de Biología Integrada del Tercer Milenio. En el mismo analiza, investiga y proporciona datos prácticos concretos respecto a cada uno de los grandes problemas que hacen a un particular del ritmo como Principio Universal. Este Tratado, que se nutre de conceptos nunca antes expuestos y ni siquiera mencionados, ofrece una guía objetiva y práctica para cualquier interesado en conocer y profundizar sobre la Biorritmología; para la asimilación debida de esta obra, que parte de criterios básicos, basta con poseer una cultura elemental mediana.

Desde siempre, todos los acontecimientos y la vida misma de todo ser humano han estado ligados con el concepto de un tiempo cíclico; esta noción significa la repetición indefinida de una serie de valores que progresivamente se repiten. Dentro del Universo, del cual el planeta Tierra forma parte, todo está sujeto a ciclos. El ritmo ha sido el primer principio universal, del cual han derivado todos los demás. En el Universo existen dos grandes órdenes de ritmo: el físico y el biológico. Entrando ya en el campo de la Biología, los ritmos que interesan como objeto de estudio son, entonces, los denominados ritmos biológicos o biorritmos, y la ciencia que los estudia es la Biorritmología. El estudio e investigación de los ritmos vitales siempre fue un tema considerado por todos los grandes sabios.

Todo ser humano posee, por esencia, un ternario permanentemente entrelazado, ya que en ciertas zonas tiene un predominio masculino, en otras regiones un predominio femenino y una tercera región o polaridad neutra o andrógina. A partir de tal ternario de los biorritmos básicos o primarios, el Dr. Livio Vinardi dedica toda la atención a los ritmos vitales en sus aplicaciones y significaciones prácticas; otro tanto realiza con los biorritmos secundarios, con los biorritmos quirúrgicos y la génesis de los ritmos energéticos.

Dentro del mismo Ternario Universal, cada ser, sin distinción de sexo, posee una terna de plataformas energéticas de niveles variables a lo largo de la vida; esto conduce al ajuste personal de los potenciales o plataformas biorrítmicas.

En el capítulo dedicado a la gestación, el autor proporciona las bases claras y objetivas de la predeterminación del sexo y constitucionalidad orgánica del futuro ser, como así la explicación de los casos de infertilidad sin razón aparente en determinadas parejas.

Un capítulo absolutamente inédito, redescubierto y formulado por Vinardi, es el dedicado a los biorritmos arcanos, que analiza una cincuentena de ritmos energéticos que tipifican cada singularidad humana como manifestación particular del mismo Ternario Universal.

Es fácilmente verificable por el contenido que esta es la obra más actual, completa y profunda sobre esta materia escrita hasta hoy. Enumeramos a continuación su índice: I) Distintas categorías de seres y respectivas organizaciones cerebrales; II) Definiciones, criterios y referencias históricas; III) Naturaleza de los ritmos vitales; IV) Aspectos generales de los ritmos vitales; V) Cálculos biorrítmicos de orden personal; VI) Impulsos cíclicos medios relativos (ICMR); VII) Ajuste de plataformas o pedestales biorrítmicos; VIII) Biorritmología interpersonal; IX)

Matemática de los números rítmicos universales; X) El biorritmo en la gestación; XI) Biorritmos y vórtices; XII) Biorritmología arcana; XIII) Miscelánea (Biorritmología de países y naciones; Biorritmograma: guía práctica de precaución personal; Triángulos biorrítmicos; Cúmulos energéticos naturales; Intervalos orientales de tiempo; Cuerpos existenciales superiores; Otras coordenadas energéticas; Potenciales biorrítmicos excepcionales; Tesis inconclusa para Doctorado en Biorritmología; Conclusiones).

Finito di stampare nel mese di Ottobre 2014
per conto di Youcanprint *Self - Publishing*

* 9 7 8 8 8 9 1 1 5 9 2 8 1 *